Pinpointing your day of ovulation is important when trying to become pregn
only happen about 6 – 24 hours after ovulation.
Hormonal changes take place during ovulation and these can cause a numbe
listening to your body and monitoring some signs, you can tell when you are
Most women's cycles are 28 – 32 days and ovulation usually occurs anywher
about 12 to 16 days before your next period).

## Some common signs of ovulation:

* One of the indicators of ovulation during your cycle is your Basal Body Temperature / BBT. Your BBT is your lowest body temperature in 24 hours, and at the time of ovulation, your BBT will rise – and it will stay a little higher until the end of your monthly cycle or throughout pregnancy.

* A positive Ovulation test. OPK (ovulation predictor kit) urine tests are easy-to-use in the privacy of your own home and detect the LH surge or brief increase in luteinizing hormone present just before you ovulate.

* As your body prepares for ovulation your cervical mucus consistency changes from sticky/thick to clear/thin/stretchy like raw egg white which is ideal for transporting sperm. The days when you notice slippery egg-white type mucus you are at your most fertile.

* Breast tenderness – some women may not notice this until after they ovulate.

* Heightened sense of smell, taste or vision. Some less pleasant symptoms like bloating and headaches can occur too.

* Light spotting can sometimes happen when an egg bursts through the follicle during ovulation.  It can also occur just before or just after ovulation due to hormonal changes.  Generally considered to be a sign of high fertility.

Note: It is the day of ovulation determines your cycle length not the first day of your period.

| | | | 1 | 2 | 3 | 4 | 5 | 6 | 7 | 8 | 9 | 10 | 11 | 12 | 13 | 14 | 15 | 16 | 17 | 18 | 19 | 20 | 21 | 22 | 23 | 24 | 25 | 26 | 27 | 28 | 29 | 30 | 31 | 32 | 33 | 34 | 35 |
|---|---|---|---|---|---|---|---|---|---|---|---|---|---|---|---|---|---|---|---|---|---|---|---|---|---|---|---|---|---|---|---|---|---|---|---|---|---|
| **date** | | | | | | | | | | | | | | | | | | | | | | | | | | | | | | | | | | | | | |
| **time** | | | | | | | | | | | | | | | | | | | | | | | | | | | | | | | | | | | | | |
| | C | F | | | | | | | | | | | | | | | | | | | | | | | | | | | | | | | | | | | |
| | 37,7 | 99.0 | | | | | | | | | | | | | | | | | | | | | | | | | | | | | | | | | | | |
| | 37,6 | 98.9 | | | | | | | | | | | | | | | | | | | | | | | | | | | | | | | | | | | |
| | 37,5 | 98.8 | | | | | | | | | | | | | | | | | | | | | | | | | | | | | | | | | | | |
| | 37,4 | 98.7 | | | | | | | | | | | | | | | | | | | | | | | | | | | | | | | | | | | |
| | 37,3 | 98.6 | | | | | | | | | | | | | | | | | | | | | | | | | | | | | | | | | | | |
| | 37,2 | 98.5 | | | | | | | | | | | | | | | | | | | | | | | | | | | | | | | | | | | |
| | 37,1 | 98.4 | | | | | | | | | | | | | | | | | | | | | | | | | | | | | | | | | | | |
| | 37,0 | 98.3 | | | | | | | | | | | | | | | | | | | | | | | | | | | | | | | | | | | |
| Basal Body Temperature | 36,9 | 98.2 | | | | | | | | | | | | | | | | | | | | | | | | | | | | | | | | | | | |
| | 36,8 | 98.1 | | | | | | | | | | | | | | | | | | | | | | | | | | | | | | | | | | | |
| | 36,7 | 98.0 | | | | | | | | | | | | | | | | | | | | | | | | | | | | | | | | | | | |
| | 36,6 | 97.9 | | | | | | | | | | | | | | | | | | | | | | | | | | | | | | | | | | | |
| | 36,5 | 97.8 | | | | | | | | | | | | | | | | | | | | | | | | | | | | | | | | | | | |
| | 36,4 | 97.7 | | | | | | | | | | | | | | | | | | | | | | | | | | | | | | | | | | | |
| | 36,3 | 97.6 | | | | | | | | | | | | | | | | | | | | | | | | | | | | | | | | | | | |
| | 36,2 | 97.5 | | | | | | | | | | | | | | | | | | | | | | | | | | | | | | | | | | | |
| | 36,1 | 97.4 | | | | | | | | | | | | | | | | | | | | | | | | | | | | | | | | | | | |
| | 36,0 | 97.3 | | | | | | | | | | | | | | | | | | | | | | | | | | | | | | | | | | | |
| | 35,9 | 97.2 | | | | | | | | | | | | | | | | | | | | | | | | | | | | | | | | | | | |
| | 35,8 | 97.1 | | | | | | | | | | | | | | | | | | | | | | | | | | | | | | | | | | | |
| | 35,7 | 97.0 | | | | | | | | | | | | | | | | | | | | | | | | | | | | | | | | | | | |
| | 35,6 | 96.9 | | | | | | | | | | | | | | | | | | | | | | | | | | | | | | | | | | | |
| | 35,5 | 96.8 | | | | | | | | | | | | | | | | | | | | | | | | | | | | | | | | | | | |
| | 35,4 | 96.7 | | | | | | | | | | | | | | | | | | | | | | | | | | | | | | | | | | | |
| **cycle day** | | | 1 | 2 | 3 | 4 | 5 | 6 | 7 | 8 | 9 | 10 | 11 | 12 | 13 | 14 | 15 | 16 | 17 | 18 | 19 | 20 | 21 | 22 | 23 | 24 | 25 | 26 | 27 | 28 | 29 | 30 | 31 | 32 | 33 | 34 | 35 |
| period/spotting | | | | | | | | | | | | | | | | | | | | | | | | | | | | | | | | | | | | | |
| cervical fluid type | | | | | | | | | | | | | | | | | | | | | | | | | | | | | | | | | | | | | |
| saliva ovulation | | | | | | | | | | | | | | | | | | | | | | | | | | | | | | | | | | | | | |
| urine ovulation | | | | | | | | | | | | | | | | | | | | | | | | | | | | | | | | | | | | | |

**Mark your chart as follows**

Period/spotting: H-heavy M-medium L-light S-spotting          Saliva Ovulation: +/?/-

Cervical Fluid Type: W-watery D-dry S-sticky E-egg white          Urine Ovulation: +/?/-

Notes:

| | date | | | | | | | | | | | | | | | | | | | | | | | | | | | | | | | | | | | |
|---|---|---|---|---|---|---|---|---|---|---|---|---|---|---|---|---|---|---|---|---|---|---|---|---|---|---|---|---|---|---|---|---|---|---|---|---|
| | time | | | | | | | | | | | | | | | | | | | | | | | | | | | | | | | | | | | |

| | C | F | | | | | | | | | | | | | | | | | | | | | | | | | | | | | | | | | | | |
|---|---|---|---|---|---|---|---|---|---|---|---|---|---|---|---|---|---|---|---|---|---|---|---|---|---|---|---|---|---|---|---|---|---|---|---|---|---|
| | 37,7 | 99.0 | | | | | | | | | | | | | | | | | | | | | | | | | | | | | | | | | | | |
| | 37,6 | 98.9 | | | | | | | | | | | | | | | | | | | | | | | | | | | | | | | | | | | |
| | 37,5 | 98.8 | | | | | | | | | | | | | | | | | | | | | | | | | | | | | | | | | | | |
| | 37,4 | 98.7 | | | | | | | | | | | | | | | | | | | | | | | | | | | | | | | | | | | |
| | 37,3 | 98.6 | | | | | | | | | | | | | | | | | | | | | | | | | | | | | | | | | | | |
| | 37,2 | 98.5 | | | | | | | | | | | | | | | | | | | | | | | | | | | | | | | | | | | |
| | 37,1 | 98.4 | | | | | | | | | | | | | | | | | | | | | | | | | | | | | | | | | | | |
| | 37,0 | 98.3 | | | | | | | | | | | | | | | | | | | | | | | | | | | | | | | | | | | |
| | 36,9 | 98.2 | | | | | | | | | | | | | | | | | | | | | | | | | | | | | | | | | | | |
| | 36,8 | 98.1 | | | | | | | | | | | | | | | | | | | | | | | | | | | | | | | | | | | |
| | 36,7 | 98.0 | | | | | | | | | | | | | | | | | | | | | | | | | | | | | | | | | | | |
| | 36,6 | 97.9 | | | | | | | | | | | | | | | | | | | | | | | | | | | | | | | | | | | |
| | 36,5 | 97.8 | | | | | | | | | | | | | | | | | | | | | | | | | | | | | | | | | | | |
| | 36,4 | 97.7 | | | | | | | | | | | | | | | | | | | | | | | | | | | | | | | | | | | |
| | 36,3 | 97.6 | | | | | | | | | | | | | | | | | | | | | | | | | | | | | | | | | | | |
| | 36,2 | 97.5 | | | | | | | | | | | | | | | | | | | | | | | | | | | | | | | | | | | |
| | 36,1 | 97.4 | | | | | | | | | | | | | | | | | | | | | | | | | | | | | | | | | | | |
| | 36,0 | 97.3 | | | | | | | | | | | | | | | | | | | | | | | | | | | | | | | | | | | |
| | 35,9 | 97.2 | | | | | | | | | | | | | | | | | | | | | | | | | | | | | | | | | | | |
| | 35,8 | 97.1 | | | | | | | | | | | | | | | | | | | | | | | | | | | | | | | | | | | |
| | 35,7 | 97.0 | | | | | | | | | | | | | | | | | | | | | | | | | | | | | | | | | | | |
| | 35,6 | 96.9 | | | | | | | | | | | | | | | | | | | | | | | | | | | | | | | | | | | |
| | 35,5 | 96.8 | | | | | | | | | | | | | | | | | | | | | | | | | | | | | | | | | | | |
| | 35,4 | 96.7 | | | | | | | | | | | | | | | | | | | | | | | | | | | | | | | | | | | |

Basal Body Temperature

| cycle day | 1 | 2 | 3 | 4 | 5 | 6 | 7 | 8 | 9 | 10 | 11 | 12 | 13 | 14 | 15 | 16 | 17 | 18 | 19 | 20 | 21 | 22 | 23 | 24 | 25 | 26 | 27 | 28 | 29 | 30 | 31 | 32 | 33 | 34 | 35 |
|---|---|---|---|---|---|---|---|---|---|---|---|---|---|---|---|---|---|---|---|---|---|---|---|---|---|---|---|---|---|---|---|---|---|---|---|
| period/spotting | | | | | | | | | | | | | | | | | | | | | | | | | | | | | | | | | | | |
| cervical fluid type | | | | | | | | | | | | | | | | | | | | | | | | | | | | | | | | | | | |
| saliva ovulation | | | | | | | | | | | | | | | | | | | | | | | | | | | | | | | | | | | |
| urine ovulation | | | | | | | | | | | | | | | | | | | | | | | | | | | | | | | | | | | |

Mark your chart as follows

Period/spotting: H-heavy M-medium L-light S-spotting    Saliva Ovulation: +/?/-

Cervical Fluid Type: W-watery D-dry S-sticky E-egg white    Urine Ovulation: +/?/-

Notes:

| | date | | | | | | | | | | | | | | | | | | | | | | | | | | | | | | | | | | | |
| --- | --- | --- | --- | --- | --- | --- | --- | --- | --- | --- | --- | --- | --- | --- | --- | --- | --- | --- | --- | --- | --- | --- | --- | --- | --- | --- | --- | --- | --- | --- | --- | --- | --- | --- | --- | --- |
| | time | | | | | | | | | | | | | | | | | | | | | | | | | | | | | | | | | | | |

| Basal Body Temperature | C | F | | | | | | | | | | | | | | | | | | | | | | | | | | | | | | | | | | | | |
| --- | --- | --- | --- | --- | --- | --- | --- | --- | --- | --- | --- | --- | --- | --- | --- | --- | --- | --- | --- | --- | --- | --- | --- | --- | --- | --- | --- | --- | --- | --- | --- | --- | --- | --- | --- | --- | --- |
| | 37,7 | 99.0 | | | | | | | | | | | | | | | | | | | | | | | | | | | | | | | | | | | | |
| | 37,6 | 98.9 | | | | | | | | | | | | | | | | | | | | | | | | | | | | | | | | | | | | |
| | 37,5 | 98.8 | | | | | | | | | | | | | | | | | | | | | | | | | | | | | | | | | | | | |
| | 37,4 | 98.7 | | | | | | | | | | | | | | | | | | | | | | | | | | | | | | | | | | | | |
| | 37,3 | 98.6 | | | | | | | | | | | | | | | | | | | | | | | | | | | | | | | | | | | | |
| | 37,2 | 98.5 | | | | | | | | | | | | | | | | | | | | | | | | | | | | | | | | | | | | |
| | 37,1 | 98.4 | | | | | | | | | | | | | | | | | | | | | | | | | | | | | | | | | | | | |
| | 37,0 | 98.3 | | | | | | | | | | | | | | | | | | | | | | | | | | | | | | | | | | | | |
| | 36,9 | 98.2 | | | | | | | | | | | | | | | | | | | | | | | | | | | | | | | | | | | | |
| | 36,8 | 98.1 | | | | | | | | | | | | | | | | | | | | | | | | | | | | | | | | | | | | |
| | 36,7 | 98.0 | | | | | | | | | | | | | | | | | | | | | | | | | | | | | | | | | | | | |
| | 36,6 | 97.9 | | | | | | | | | | | | | | | | | | | | | | | | | | | | | | | | | | | | |
| | 36,5 | 97.8 | | | | | | | | | | | | | | | | | | | | | | | | | | | | | | | | | | | | |
| | 36,4 | 97.7 | | | | | | | | | | | | | | | | | | | | | | | | | | | | | | | | | | | | |
| | 36,3 | 97.6 | | | | | | | | | | | | | | | | | | | | | | | | | | | | | | | | | | | | |
| | 36,2 | 97.5 | | | | | | | | | | | | | | | | | | | | | | | | | | | | | | | | | | | | |
| | 36,1 | 97.4 | | | | | | | | | | | | | | | | | | | | | | | | | | | | | | | | | | | | |
| | 36,0 | 97.3 | | | | | | | | | | | | | | | | | | | | | | | | | | | | | | | | | | | | |
| | 35,9 | 97.2 | | | | | | | | | | | | | | | | | | | | | | | | | | | | | | | | | | | | |
| | 35,8 | 97.1 | | | | | | | | | | | | | | | | | | | | | | | | | | | | | | | | | | | | |
| | 35,7 | 97.0 | | | | | | | | | | | | | | | | | | | | | | | | | | | | | | | | | | | | |
| | 35,6 | 96.9 | | | | | | | | | | | | | | | | | | | | | | | | | | | | | | | | | | | | |
| | 35,5 | 96.8 | | | | | | | | | | | | | | | | | | | | | | | | | | | | | | | | | | | | |
| | 35,4 | 96.7 | | | | | | | | | | | | | | | | | | | | | | | | | | | | | | | | | | | | |

| cycle day | 1 | 2 | 3 | 4 | 5 | 6 | 7 | 8 | 9 | 10 | 11 | 12 | 13 | 14 | 15 | 16 | 17 | 18 | 19 | 20 | 21 | 22 | 23 | 24 | 25 | 26 | 27 | 28 | 29 | 30 | 31 | 32 | 33 | 34 | 35 |
| --- | --- | --- | --- | --- | --- | --- | --- | --- | --- | --- | --- | --- | --- | --- | --- | --- | --- | --- | --- | --- | --- | --- | --- | --- | --- | --- | --- | --- | --- | --- | --- | --- | --- | --- | --- |
| period/spotting | | | | | | | | | | | | | | | | | | | | | | | | | | | | | | | | | | | |
| cervical fluid type | | | | | | | | | | | | | | | | | | | | | | | | | | | | | | | | | | | |
| saliva ovulation | | | | | | | | | | | | | | | | | | | | | | | | | | | | | | | | | | | |
| urine ovulation | | | | | | | | | | | | | | | | | | | | | | | | | | | | | | | | | | | |

Mark your chart as follows

Period/spotting: H-heavy M-medium L-light S-spotting    Saliva Ovulation: +/?/-

Cervical Fluid Type: W-watery D-dry S-sticky E-egg white    Urine Ovulation: +/?/-

Notes:

| date | | | | | | | | | | | | | | | | | | | | | | | | | | | | | | | | | | | | |
|---|---|---|---|---|---|---|---|---|---|---|---|---|---|---|---|---|---|---|---|---|---|---|---|---|---|---|---|---|---|---|---|---|---|---|---|---|---|
| **time** | | | | | | | | | | | | | | | | | | | | | | | | | | | | | | | | | | | | | |

**Basal Body Temperature**

| C | F |
|---|---|
| 37,7 | 99.0 |
| 37,6 | 98.9 |
| 37,5 | 98.8 |
| 37,4 | 98.7 |
| 37,3 | 98.6 |
| 37,2 | 98.5 |
| 37,1 | 98.4 |
| 37,0 | 98.3 |
| 36,9 | 98.2 |
| 36,8 | 98.1 |
| 36,7 | 98.0 |
| 36,6 | 97.9 |
| 36,5 | 97.8 |
| 36,4 | 97.7 |
| 36,3 | 97.6 |
| 36,2 | 97.5 |
| 36,1 | 97.4 |
| 36,0 | 97.3 |
| 35,9 | 97.2 |
| 35,8 | 97.1 |
| 35,7 | 97.0 |
| 35,6 | 96.9 |
| 35,5 | 96.8 |
| 35,4 | 96.7 |

| cycle day | 1 | 2 | 3 | 4 | 5 | 6 | 7 | 8 | 9 | 10 | 11 | 12 | 13 | 14 | 15 | 16 | 17 | 18 | 19 | 20 | 21 | 22 | 23 | 24 | 25 | 26 | 27 | 28 | 29 | 30 | 31 | 32 | 33 | 34 | 35 |
|---|---|---|---|---|---|---|---|---|---|---|---|---|---|---|---|---|---|---|---|---|---|---|---|---|---|---|---|---|---|---|---|---|---|---|---|
| period/spotting | | | | | | | | | | | | | | | | | | | | | | | | | | | | | | | | | | | |
| cervical fluid type | | | | | | | | | | | | | | | | | | | | | | | | | | | | | | | | | | | |
| saliva ovulation | | | | | | | | | | | | | | | | | | | | | | | | | | | | | | | | | | | |
| urine ovulation | | | | | | | | | | | | | | | | | | | | | | | | | | | | | | | | | | | |

### Mark your chart as follows

Period/spotting: H-heavy M-medium L-light S-spotting    Saliva Ovulation: +/?/-

Cervical Fluid Type: W-watery D-dry S-sticky E-egg white    Urine Ovulation: +/?/-

Notes:

| | date | | | | | | | | | | | | | | | | | | | | | | | | | | | | | | | | | | | |
|---|---|---|---|---|---|---|---|---|---|---|---|---|---|---|---|---|---|---|---|---|---|---|---|---|---|---|---|---|---|---|---|---|---|---|---|---|---|
| | time | | | | | | | | | | | | | | | | | | | | | | | | | | | | | | | | | | | | |

**Basal Body Temperature**

| C | F |
|---|---|
| 37,7 | 99.0 |
| 37,6 | 98.9 |
| 37,5 | 98.8 |
| 37,4 | 98.7 |
| 37,3 | 98.6 |
| 37,2 | 98.5 |
| 37,1 | 98.4 |
| 37,0 | 98.3 |
| 36,9 | 98.2 |
| 36,8 | 98.1 |
| 36,7 | 98.0 |
| 36,6 | 97.9 |
| 36,5 | 97.8 |
| 36,4 | 97.7 |
| 36,3 | 97.6 |
| 36,2 | 97.5 |
| 36,1 | 97.4 |
| 36,0 | 97.3 |
| 35,9 | 97.2 |
| 35,8 | 97.1 |
| 35,7 | 97.0 |
| 35,6 | 96.9 |
| 35,5 | 96.8 |
| 35,4 | 96.7 |

| cycle day | 1 | 2 | 3 | 4 | 5 | 6 | 7 | 8 | 9 | 10 | 11 | 12 | 13 | 14 | 15 | 16 | 17 | 18 | 19 | 20 | 21 | 22 | 23 | 24 | 25 | 26 | 27 | 28 | 29 | 30 | 31 | 32 | 33 | 34 | 35 |
|---|---|---|---|---|---|---|---|---|---|---|---|---|---|---|---|---|---|---|---|---|---|---|---|---|---|---|---|---|---|---|---|---|---|---|---|
| period/spotting | | | | | | | | | | | | | | | | | | | | | | | | | | | | | | | | | | | |
| cervical fluid type | | | | | | | | | | | | | | | | | | | | | | | | | | | | | | | | | | | |
| saliva ovulation | | | | | | | | | | | | | | | | | | | | | | | | | | | | | | | | | | | |
| urine ovulation | | | | | | | | | | | | | | | | | | | | | | | | | | | | | | | | | | | |

### Mark your chart as follows

Period/spotting: H-heavy M-medium L-light S-spotting    Saliva Ovulation: +/?/-

Cervical Fluid Type: W-watery D-dry S-sticky E-egg white    Urine Ovulation: +/?/-

Notes:

| | date | | | | | | | | | | | | | | | | | | | | | | | | | | | | | | | | | | |
|---|---|---|---|---|---|---|---|---|---|---|---|---|---|---|---|---|---|---|---|---|---|---|---|---|---|---|---|---|---|---|---|---|---|---|---|---|
| | time | | | | | | | | | | | | | | | | | | | | | | | | | | | | | | | | | | | |

| | C | F |
|---|---|---|
| | 37,7 | 99.0 |
| | 37,6 | 98.9 |
| | 37,5 | 98.8 |
| | 37,4 | 98.7 |
| | 37,3 | 98.6 |
| | 37,2 | 98.5 |
| | 37,1 | 98.4 |
| | 37,0 | 98.3 |
| Basal Body Temperature | 36,9 | 98.2 |
| | 36,8 | 98.1 |
| | 36,7 | 98.0 |
| | 36,6 | 97.9 |
| | 36,5 | 97.8 |
| | 36,4 | 97.7 |
| | 36,3 | 97.6 |
| | 36,2 | 97.5 |
| | 36,1 | 97.4 |
| | 36,0 | 97.3 |
| | 35,9 | 97.2 |
| | 35,8 | 97.1 |
| | 35,7 | 97.0 |
| | 35,6 | 96.9 |
| | 35,5 | 96.8 |
| | 35,4 | 96.7 |

| cycle day | 1 | 2 | 3 | 4 | 5 | 6 | 7 | 8 | 9 | 10 | 11 | 12 | 13 | 14 | 15 | 16 | 17 | 18 | 19 | 20 | 21 | 22 | 23 | 24 | 25 | 26 | 27 | 28 | 29 | 30 | 31 | 32 | 33 | 34 | 35 |
|---|---|---|---|---|---|---|---|---|---|---|---|---|---|---|---|---|---|---|---|---|---|---|---|---|---|---|---|---|---|---|---|---|---|---|---|
| period/spotting | | | | | | | | | | | | | | | | | | | | | | | | | | | | | | | | | | | |
| cervical fluid type | | | | | | | | | | | | | | | | | | | | | | | | | | | | | | | | | | | |
| saliva ovulation | | | | | | | | | | | | | | | | | | | | | | | | | | | | | | | | | | | |
| urine ovulation | | | | | | | | | | | | | | | | | | | | | | | | | | | | | | | | | | | |

Mark your chart as follows

Period/spotting: H-heavy M-medium L-light S-spotting     Saliva Ovulation: +/?/-

Cervical Fluid Type: W-watery D-dry S-sticky E-egg white     Urine Ovulation: +/?/-

Notes:

|  | date |  |
|  | time |  |

| Basal Body Temperature | C | F | | | | | | | | | | | | | | | | | | | | | | | | | | | | | | | | | |
|---|---|---|---|---|---|---|---|---|---|---|---|---|---|---|---|---|---|---|---|---|---|---|---|---|---|---|---|---|---|---|---|---|---|---|---|---|
| | 37,7 | 99.0 | | | | | | | | | | | | | | | | | | | | | | | | | | | | | | | | | | |
| | 37,6 | 98.9 | | | | | | | | | | | | | | | | | | | | | | | | | | | | | | | | | | |
| | 37,5 | 98.8 | | | | | | | | | | | | | | | | | | | | | | | | | | | | | | | | | | |
| | 37,4 | 98.7 | | | | | | | | | | | | | | | | | | | | | | | | | | | | | | | | | | |
| | 37,3 | 98.6 | | | | | | | | | | | | | | | | | | | | | | | | | | | | | | | | | | |
| | 37,2 | 98.5 | | | | | | | | | | | | | | | | | | | | | | | | | | | | | | | | | | |
| | 37,1 | 98.4 | | | | | | | | | | | | | | | | | | | | | | | | | | | | | | | | | | |
| | 37,0 | 98.3 | | | | | | | | | | | | | | | | | | | | | | | | | | | | | | | | | | |
| | 36,9 | 98.2 | | | | | | | | | | | | | | | | | | | | | | | | | | | | | | | | | | |
| | 36,8 | 98.1 | | | | | | | | | | | | | | | | | | | | | | | | | | | | | | | | | | |
| | 36,7 | 98.0 | | | | | | | | | | | | | | | | | | | | | | | | | | | | | | | | | | |
| | 36,6 | 97.9 | | | | | | | | | | | | | | | | | | | | | | | | | | | | | | | | | | |
| | 36,5 | 97.8 | | | | | | | | | | | | | | | | | | | | | | | | | | | | | | | | | | |
| | 36,4 | 97.7 | | | | | | | | | | | | | | | | | | | | | | | | | | | | | | | | | | |
| | 36,3 | 97.6 | | | | | | | | | | | | | | | | | | | | | | | | | | | | | | | | | | |
| | 36,2 | 97.5 | | | | | | | | | | | | | | | | | | | | | | | | | | | | | | | | | | |
| | 36,1 | 97.4 | | | | | | | | | | | | | | | | | | | | | | | | | | | | | | | | | | |
| | 36,0 | 97.3 | | | | | | | | | | | | | | | | | | | | | | | | | | | | | | | | | | |
| | 35,9 | 97.2 | | | | | | | | | | | | | | | | | | | | | | | | | | | | | | | | | | |
| | 35,8 | 97.1 | | | | | | | | | | | | | | | | | | | | | | | | | | | | | | | | | | |
| | 35,7 | 97.0 | | | | | | | | | | | | | | | | | | | | | | | | | | | | | | | | | | |
| | 35,6 | 96.9 | | | | | | | | | | | | | | | | | | | | | | | | | | | | | | | | | | |
| | 35,5 | 96.8 | | | | | | | | | | | | | | | | | | | | | | | | | | | | | | | | | | |
| | 35,4 | 96.7 | | | | | | | | | | | | | | | | | | | | | | | | | | | | | | | | | | |

| cycle day | 1 | 2 | 3 | 4 | 5 | 6 | 7 | 8 | 9 | 10 | 11 | 12 | 13 | 14 | 15 | 16 | 17 | 18 | 19 | 20 | 21 | 22 | 23 | 24 | 25 | 26 | 27 | 28 | 29 | 30 | 31 | 32 | 33 | 34 | 35 |
|---|---|---|---|---|---|---|---|---|---|---|---|---|---|---|---|---|---|---|---|---|---|---|---|---|---|---|---|---|---|---|---|---|---|---|---|
| period/spotting | | | | | | | | | | | | | | | | | | | | | | | | | | | | | | | | | | | |
| cervical fluid type | | | | | | | | | | | | | | | | | | | | | | | | | | | | | | | | | | | |
| saliva ovulation | | | | | | | | | | | | | | | | | | | | | | | | | | | | | | | | | | | |
| urine ovulation | | | | | | | | | | | | | | | | | | | | | | | | | | | | | | | | | | | |

Mark your chart as follows

Period/spotting: H-heavy M-medium L-light S-spotting        Saliva Ovulation: +/?/-

Cervical Fluid Type: W-watery D-dry S-sticky E-egg white        Urine Ovulation: +/?/-

Notes:

| | date | | |
|---|---|---|---|
| | time | | |

**Basal Body Temperature**

| C | F |
|---|---|
| 37,7 | 99.0 |
| 37,6 | 98.9 |
| 37,5 | 98.8 |
| 37,4 | 98.7 |
| 37,3 | 98.6 |
| 37,2 | 98.5 |
| 37,1 | 98.4 |
| 37,0 | 98.3 |
| 36,9 | 98.2 |
| 36,8 | 98.1 |
| 36,7 | 98.0 |
| 36,6 | 97.9 |
| 36,5 | 97.8 |
| 36,4 | 97.7 |
| 36,3 | 97.6 |
| 36,2 | 97.5 |
| 36,1 | 97.4 |
| 36,0 | 97.3 |
| 35,9 | 97.2 |
| 35,8 | 97.1 |
| 35,7 | 97.0 |
| 35,6 | 96.9 |
| 35,5 | 96.8 |
| 35,4 | 96.7 |

| cycle day | 1 | 2 | 3 | 4 | 5 | 6 | 7 | 8 | 9 | 10 | 11 | 12 | 13 | 14 | 15 | 16 | 17 | 18 | 19 | 20 | 21 | 22 | 23 | 24 | 25 | 26 | 27 | 28 | 29 | 30 | 31 | 32 | 33 | 34 | 35 |
|---|---|---|---|---|---|---|---|---|---|---|---|---|---|---|---|---|---|---|---|---|---|---|---|---|---|---|---|---|---|---|---|---|---|---|---|
| period/spotting | | | | | | | | | | | | | | | | | | | | | | | | | | | | | | | | | | | |
| cervical fluid type | | | | | | | | | | | | | | | | | | | | | | | | | | | | | | | | | | | |
| saliva ovulation | | | | | | | | | | | | | | | | | | | | | | | | | | | | | | | | | | | |
| urine ovulation | | | | | | | | | | | | | | | | | | | | | | | | | | | | | | | | | | | |

## Mark your chart as follows

Period/spotting: H-heavy M-medium L-light S-spotting    Saliva Ovulation: +/?/-

Cervical Fluid Type: W-watery D-dry S-sticky E-egg white    Urine Ovulation: +/?/-

Notes:

| date | | | | | | | | | | | | | | | | | | | | | | | | | | | | | | | | | | | |
|---|---|---|---|---|---|---|---|---|---|---|---|---|---|---|---|---|---|---|---|---|---|---|---|---|---|---|---|---|---|---|---|---|---|---|---|
| time | | | | | | | | | | | | | | | | | | | | | | | | | | | | | | | | | | | |

**Basal Body Temperature**

| C | F |
|---|---|
| 37,7 | 99.0 |
| 37,6 | 98.9 |
| 37,5 | 98.8 |
| 37,4 | 98.7 |
| 37,3 | 98.6 |
| 37,2 | 98.5 |
| 37,1 | 98.4 |
| 37,0 | 98.3 |
| 36,9 | 98.2 |
| 36,8 | 98.1 |
| 36,7 | 98.0 |
| 36,6 | 97.9 |
| 36,5 | 97.8 |
| 36,4 | 97.7 |
| 36,3 | 97.6 |
| 36,2 | 97.5 |
| 36,1 | 97.4 |
| 36,0 | 97.3 |
| 35,9 | 97.2 |
| 35,8 | 97.1 |
| 35,7 | 97.0 |
| 35,6 | 96.9 |
| 35,5 | 96.8 |
| 35,4 | 96.7 |

| cycle day | 1 | 2 | 3 | 4 | 5 | 6 | 7 | 8 | 9 | 10 | 11 | 12 | 13 | 14 | 15 | 16 | 17 | 18 | 19 | 20 | 21 | 22 | 23 | 24 | 25 | 26 | 27 | 28 | 29 | 30 | 31 | 32 | 33 | 34 | 35 |
|---|---|---|---|---|---|---|---|---|---|---|---|---|---|---|---|---|---|---|---|---|---|---|---|---|---|---|---|---|---|---|---|---|---|---|---|
| period/spotting | | | | | | | | | | | | | | | | | | | | | | | | | | | | | | | | | | | |
| cervical fluid type | | | | | | | | | | | | | | | | | | | | | | | | | | | | | | | | | | | |
| saliva ovulation | | | | | | | | | | | | | | | | | | | | | | | | | | | | | | | | | | | |
| urine ovulation | | | | | | | | | | | | | | | | | | | | | | | | | | | | | | | | | | | |

## Mark your chart as follows

Period/spotting: H-heavy M-medium L-light S-spotting

Cervical Fluid Type: W-watery D-dry S-sticky E-egg white

Saliva Ovulation: +/?/-

Urine Ovulation: +/?/-

Notes:

| date | | | | | | | | | | | | | | | | | | | | | | | | | | | | | | | | | | | |
|---|---|---|---|---|---|---|---|---|---|---|---|---|---|---|---|---|---|---|---|---|---|---|---|---|---|---|---|---|---|---|---|---|---|---|---|---|
| time | | | | | | | | | | | | | | | | | | | | | | | | | | | | | | | | | | | | |

**Basal Body Temperature**

| C | F |
|---|---|
| 37,7 | 99.0 |
| 37,6 | 98.9 |
| 37,5 | 98.8 |
| 37,4 | 98.7 |
| 37,3 | 98.6 |
| 37,2 | 98.5 |
| 37,1 | 98.4 |
| 37,0 | 98.3 |
| 36,9 | 98.2 |
| 36,8 | 98.1 |
| 36,7 | 98.0 |
| 36,6 | 97.9 |
| 36,5 | 97.8 |
| 36,4 | 97.7 |
| 36,3 | 97.6 |
| 36,2 | 97.5 |
| 36,1 | 97.4 |
| 36,0 | 97.3 |
| 35,9 | 97.2 |
| 35,8 | 97.1 |
| 35,7 | 97.0 |
| 35,6 | 96.9 |
| 35,5 | 96.8 |
| 35,4 | 96.7 |

| cycle day | 1 | 2 | 3 | 4 | 5 | 6 | 7 | 8 | 9 | 10 | 11 | 12 | 13 | 14 | 15 | 16 | 17 | 18 | 19 | 20 | 21 | 22 | 23 | 24 | 25 | 26 | 27 | 28 | 29 | 30 | 31 | 32 | 33 | 34 | 35 |
|---|---|---|---|---|---|---|---|---|---|---|---|---|---|---|---|---|---|---|---|---|---|---|---|---|---|---|---|---|---|---|---|---|---|---|---|
| period/spotting | | | | | | | | | | | | | | | | | | | | | | | | | | | | | | | | | | | |
| cervical fluid type | | | | | | | | | | | | | | | | | | | | | | | | | | | | | | | | | | | |
| saliva ovulation | | | | | | | | | | | | | | | | | | | | | | | | | | | | | | | | | | | |
| urine ovulation | | | | | | | | | | | | | | | | | | | | | | | | | | | | | | | | | | | |

Mark your chart as follows

Period/spotting: H-heavy M-medium L-light S-spotting   Saliva Ovulation: +/?/-

Cervical Fluid Type: W-watery D-dry S-sticky E-egg white   Urine Ovulation: +/?/-

Notes:

| | date | | | | | | | | | | | | | | | | | | | | | | | | | | | | | | | | | | | |
|---|---|---|---|---|---|---|---|---|---|---|---|---|---|---|---|---|---|---|---|---|---|---|---|---|---|---|---|---|---|---|---|---|---|---|---|---|

**date**

**time**

| | C | F |
|---|---|---|

| Basal Body Temperature | 37,7 | 99.0 |
| | 37,6 | 98.9 |
| | 37,5 | 98.8 |
| | 37,4 | 98.7 |
| | 37,3 | 98.6 |
| | 37,2 | 98.5 |
| | 37,1 | 98.4 |
| | 37,0 | 98.3 |
| | 36,9 | 98.2 |
| | 36,8 | 98.1 |
| | 36,7 | 98.0 |
| | 36,6 | 97.9 |
| | 36,5 | 97.8 |
| | 36,4 | 97.7 |
| | 36,3 | 97.6 |
| | 36,2 | 97.5 |
| | 36,1 | 97.4 |
| | 36,0 | 97.3 |
| | 35,9 | 97.2 |
| | 35,8 | 97.1 |
| | 35,7 | 97.0 |
| | 35,6 | 96.9 |
| | 35,5 | 96.8 |
| | 35,4 | 96.7 |

| cycle day | 1 | 2 | 3 | 4 | 5 | 6 | 7 | 8 | 9 | 10 | 11 | 12 | 13 | 14 | 15 | 16 | 17 | 18 | 19 | 20 | 21 | 22 | 23 | 24 | 25 | 26 | 27 | 28 | 29 | 30 | 31 | 32 | 33 | 34 | 35 |
|---|---|---|---|---|---|---|---|---|---|---|---|---|---|---|---|---|---|---|---|---|---|---|---|---|---|---|---|---|---|---|---|---|---|---|---|
| period/spotting | | | | | | | | | | | | | | | | | | | | | | | | | | | | | | | | | | | |
| cervical fluid type | | | | | | | | | | | | | | | | | | | | | | | | | | | | | | | | | | | |
| saliva ovulation | | | | | | | | | | | | | | | | | | | | | | | | | | | | | | | | | | | |
| urine ovulation | | | | | | | | | | | | | | | | | | | | | | | | | | | | | | | | | | | |

### Mark your chart as follows

Period/spotting: H-heavy M-medium L-light S-spotting

Cervical Fluid Type: W-watery D-dry S-sticky E-egg white

Saliva Ovulation: +/?/-

Urine Ovulation: +/?/-

Notes:

| | date | | | | | | | | | | | | | | | | | | | | | | | | | | | | | | | | | | | |
|---|---|---|---|---|---|---|---|---|---|---|---|---|---|---|---|---|---|---|---|---|---|---|---|---|---|---|---|---|---|---|---|---|---|---|---|---|

| | time | |

| | C | F |
|---|---|---|
| | 37,7 | 99.0 |
| | 37,6 | 98.9 |
| | 37,5 | 98.8 |
| | 37,4 | 98.7 |
| | 37,3 | 98.6 |
| | 37,2 | 98.5 |
| | 37,1 | 98.4 |
| | 37,0 | 98.3 |
| | 36,9 | 98.2 |
| | 36,8 | 98.1 |
| | 36,7 | 98.0 |
| | 36,6 | 97.9 |
| | 36,5 | 97.8 |
| | 36,4 | 97.7 |
| | 36,3 | 97.6 |
| | 36,2 | 97.5 |
| | 36,1 | 97.4 |
| | 36,0 | 97.3 |
| | 35,9 | 97.2 |
| | 35,8 | 97.1 |
| | 35,7 | 97.0 |
| | 35,6 | 96.9 |
| | 35,5 | 96.8 |
| | 35,4 | 96.7 |

Basal Body Temperature

| cycle day | 1 | 2 | 3 | 4 | 5 | 6 | 7 | 8 | 9 | 10 | 11 | 12 | 13 | 14 | 15 | 16 | 17 | 18 | 19 | 20 | 21 | 22 | 23 | 24 | 25 | 26 | 27 | 28 | 29 | 30 | 31 | 32 | 33 | 34 | 35 |
|---|---|---|---|---|---|---|---|---|---|---|---|---|---|---|---|---|---|---|---|---|---|---|---|---|---|---|---|---|---|---|---|---|---|---|---|
| period/spotting | | | | | | | | | | | | | | | | | | | | | | | | | | | | | | | | | | | |
| cervical fluid type | | | | | | | | | | | | | | | | | | | | | | | | | | | | | | | | | | | |
| saliva ovulation | | | | | | | | | | | | | | | | | | | | | | | | | | | | | | | | | | | |
| urine ovulation | | | | | | | | | | | | | | | | | | | | | | | | | | | | | | | | | | | |

Mark your chart as follows

Period/spotting: H-heavy M-medium L-light S-spotting    Saliva Ovulation: +/?/-

Cervical Fluid Type: W-watery D-dry S-sticky E-egg white    Urine Ovulation: +/?/-

Notes:

| | date | | | | | | | | | | | | | | | | | | | | | | | | | | | | | | | | | | |
|---|---|---|---|---|---|---|---|---|---|---|---|---|---|---|---|---|---|---|---|---|---|---|---|---|---|---|---|---|---|---|---|---|---|---|---|---|
| | time | | | | | | | | | | | | | | | | | | | | | | | | | | | | | | | | | | | |

**Basal Body Temperature**

| C | F |
|---|---|
| 37,7 | 99.0 |
| 37,6 | 98.9 |
| 37,5 | 98.8 |
| 37,4 | 98.7 |
| 37,3 | 98.6 |
| 37,2 | 98.5 |
| 37,1 | 98.4 |
| 37,0 | 98.3 |
| 36,9 | 98.2 |
| 36,8 | 98.1 |
| 36,7 | 98.0 |
| 36,6 | 97.9 |
| 36,5 | 97.8 |
| 36,4 | 97.7 |
| 36,3 | 97.6 |
| 36,2 | 97.5 |
| 36,1 | 97.4 |
| 36,0 | 97.3 |
| 35,9 | 97.2 |
| 35,8 | 97.1 |
| 35,7 | 97.0 |
| 35,6 | 96.9 |
| 35,5 | 96.8 |
| 35,4 | 96.7 |

| cycle day | 1 | 2 | 3 | 4 | 5 | 6 | 7 | 8 | 9 | 10 | 11 | 12 | 13 | 14 | 15 | 16 | 17 | 18 | 19 | 20 | 21 | 22 | 23 | 24 | 25 | 26 | 27 | 28 | 29 | 30 | 31 | 32 | 33 | 34 | 35 |
|---|---|---|---|---|---|---|---|---|---|---|---|---|---|---|---|---|---|---|---|---|---|---|---|---|---|---|---|---|---|---|---|---|---|---|---|
| period/spotting | | | | | | | | | | | | | | | | | | | | | | | | | | | | | | | | | | | |
| cervical fluid type | | | | | | | | | | | | | | | | | | | | | | | | | | | | | | | | | | | |
| saliva ovulation | | | | | | | | | | | | | | | | | | | | | | | | | | | | | | | | | | | |
| urine ovulation | | | | | | | | | | | | | | | | | | | | | | | | | | | | | | | | | | | |

### Mark your chart as follows

Period/spotting: H-heavy M-medium L-light S-spotting    Saliva Ovulation: +/?/-

Cervical Fluid Type: W-watery D-dry S-sticky E-egg white    Urine Ovulation: +/?/-

Notes:

| date | | | | | | | | | | | | | | | | | | | | | | | | | | | | | | | | | | | | |
|---|---|---|---|---|---|---|---|---|---|---|---|---|---|---|---|---|---|---|---|---|---|---|---|---|---|---|---|---|---|---|---|---|---|---|---|---|---|
| time | | | | | | | | | | | | | | | | | | | | | | | | | | | | | | | | | | | | | |

**Basal Body Temperature**

| C | F |
|---|---|
| 37,7 | 99.0 |
| 37,6 | 98.9 |
| 37,5 | 98.8 |
| 37,4 | 98.7 |
| 37,3 | 98.6 |
| 37,2 | 98.5 |
| 37,1 | 98.4 |
| 37,0 | 98.3 |
| 36,9 | 98.2 |
| 36,8 | 98.1 |
| 36,7 | 98.0 |
| 36,6 | 97.9 |
| 36,5 | 97.8 |
| 36,4 | 97.7 |
| 36,3 | 97.6 |
| 36,2 | 97.5 |
| 36,1 | 97.4 |
| 36,0 | 97.3 |
| 35,9 | 97.2 |
| 35,8 | 97.1 |
| 35,7 | 97.0 |
| 35,6 | 96.9 |
| 35,5 | 96.8 |
| 35,4 | 96.7 |

| cycle day | 1 | 2 | 3 | 4 | 5 | 6 | 7 | 8 | 9 | 10 | 11 | 12 | 13 | 14 | 15 | 16 | 17 | 18 | 19 | 20 | 21 | 22 | 23 | 24 | 25 | 26 | 27 | 28 | 29 | 30 | 31 | 32 | 33 | 34 | 35 |
|---|---|---|---|---|---|---|---|---|---|---|---|---|---|---|---|---|---|---|---|---|---|---|---|---|---|---|---|---|---|---|---|---|---|---|---|
| period/spotting | | | | | | | | | | | | | | | | | | | | | | | | | | | | | | | | | | | |
| cervical fluid type | | | | | | | | | | | | | | | | | | | | | | | | | | | | | | | | | | | |
| saliva ovulation | | | | | | | | | | | | | | | | | | | | | | | | | | | | | | | | | | | |
| urine ovulation | | | | | | | | | | | | | | | | | | | | | | | | | | | | | | | | | | | |

Mark your chart as follows

Period/spotting: H-heavy M-medium L-light S-spotting    Saliva Ovulation: +/?/-

Cervical Fluid Type: W-watery D-dry S-sticky E-egg white    Urine Ovulation: +/?/-

Notes:

| | date | | | | | | | | | | | | | | | | | | | | | | | | | | | | | | | | | | | |
|---|---|---|---|---|---|---|---|---|---|---|---|---|---|---|---|---|---|---|---|---|---|---|---|---|---|---|---|---|---|---|---|---|---|---|---|---|---|
| | time | | | | | | | | | | | | | | | | | | | | | | | | | | | | | | | | | | | | |
| | C | F | | | | | | | | | | | | | | | | | | | | | | | | | | | | | | | | | | | |
| | 37,7 | 99.0 | | | | | | | | | | | | | | | | | | | | | | | | | | | | | | | | | | | |
| | 37,6 | 98.9 | | | | | | | | | | | | | | | | | | | | | | | | | | | | | | | | | | | |
| | 37,5 | 98.8 | | | | | | | | | | | | | | | | | | | | | | | | | | | | | | | | | | | |
| | 37,4 | 98.7 | | | | | | | | | | | | | | | | | | | | | | | | | | | | | | | | | | | |
| | 37,3 | 98.6 | | | | | | | | | | | | | | | | | | | | | | | | | | | | | | | | | | | |
| | 37,2 | 98.5 | | | | | | | | | | | | | | | | | | | | | | | | | | | | | | | | | | | |
| | 37,1 | 98.4 | | | | | | | | | | | | | | | | | | | | | | | | | | | | | | | | | | | |
| | 37,0 | 98.3 | | | | | | | | | | | | | | | | | | | | | | | | | | | | | | | | | | | |
| | 36,9 | 98.2 | | | | | | | | | | | | | | | | | | | | | | | | | | | | | | | | | | | |
| | 36,8 | 98.1 | | | | | | | | | | | | | | | | | | | | | | | | | | | | | | | | | | | |
| | 36,7 | 98.0 | | | | | | | | | | | | | | | | | | | | | | | | | | | | | | | | | | | |
| | 36,6 | 97.9 | | | | | | | | | | | | | | | | | | | | | | | | | | | | | | | | | | | |
| | 36,5 | 97.8 | | | | | | | | | | | | | | | | | | | | | | | | | | | | | | | | | | | |
| | 36,4 | 97.7 | | | | | | | | | | | | | | | | | | | | | | | | | | | | | | | | | | | |
| | 36,3 | 97.6 | | | | | | | | | | | | | | | | | | | | | | | | | | | | | | | | | | | |
| | 36,2 | 97.5 | | | | | | | | | | | | | | | | | | | | | | | | | | | | | | | | | | | |
| | 36,1 | 97.4 | | | | | | | | | | | | | | | | | | | | | | | | | | | | | | | | | | | |
| | 36,0 | 97.3 | | | | | | | | | | | | | | | | | | | | | | | | | | | | | | | | | | | |
| | 35,9 | 97.2 | | | | | | | | | | | | | | | | | | | | | | | | | | | | | | | | | | | |
| | 35,8 | 97.1 | | | | | | | | | | | | | | | | | | | | | | | | | | | | | | | | | | | |
| | 35,7 | 97.0 | | | | | | | | | | | | | | | | | | | | | | | | | | | | | | | | | | | |
| | 35,6 | 96.9 | | | | | | | | | | | | | | | | | | | | | | | | | | | | | | | | | | | |
| | 35,5 | 96.8 | | | | | | | | | | | | | | | | | | | | | | | | | | | | | | | | | | | |
| | 35,4 | 96.7 | | | | | | | | | | | | | | | | | | | | | | | | | | | | | | | | | | | |

Basal Body Temperature

| cycle day | 1 | 2 | 3 | 4 | 5 | 6 | 7 | 8 | 9 | 10 | 11 | 12 | 13 | 14 | 15 | 16 | 17 | 18 | 19 | 20 | 21 | 22 | 23 | 24 | 25 | 26 | 27 | 28 | 29 | 30 | 31 | 32 | 33 | 34 | 35 |
|---|---|---|---|---|---|---|---|---|---|---|---|---|---|---|---|---|---|---|---|---|---|---|---|---|---|---|---|---|---|---|---|---|---|---|---|
| period/spotting | | | | | | | | | | | | | | | | | | | | | | | | | | | | | | | | | | | |
| cervical fluid type | | | | | | | | | | | | | | | | | | | | | | | | | | | | | | | | | | | |
| saliva ovulation | | | | | | | | | | | | | | | | | | | | | | | | | | | | | | | | | | | |
| urine ovulation | | | | | | | | | | | | | | | | | | | | | | | | | | | | | | | | | | | |

Mark your chart as follows

Period/spotting: H-heavy M-medium L-light S-spotting          Saliva Ovulation: +/?/-

Cervical Fluid Type: W-watery D-dry S-sticky E-egg white          Urine Ovulation: +/?/-

Notes:

| date | | | | | | | | | | | | | | | | | | | | | | | | | | | | | | | | | | | | |
|---|---|---|---|---|---|---|---|---|---|---|---|---|---|---|---|---|---|---|---|---|---|---|---|---|---|---|---|---|---|---|---|---|---|---|---|---|
| time | | | | | | | | | | | | | | | | | | | | | | | | | | | | | | | | | | | | |

**Basal Body Temperature**

| C | F |
|---|---|
| 37,7 | 99.0 |
| 37,6 | 98.9 |
| 37,5 | 98.8 |
| 37,4 | 98.7 |
| 37,3 | 98.6 |
| 37,2 | 98.5 |
| 37,1 | 98.4 |
| 37,0 | 98.3 |
| 36,9 | 98.2 |
| 36,8 | 98.1 |
| 36,7 | 98.0 |
| 36,6 | 97.9 |
| 36,5 | 97.8 |
| 36,4 | 97.7 |
| 36,3 | 97.6 |
| 36,2 | 97.5 |
| 36,1 | 97.4 |
| 36,0 | 97.3 |
| 35,9 | 97.2 |
| 35,8 | 97.1 |
| 35,7 | 97.0 |
| 35,6 | 96.9 |
| 35,5 | 96.8 |
| 35,4 | 96.7 |

| cycle day | 1 | 2 | 3 | 4 | 5 | 6 | 7 | 8 | 9 | 10 | 11 | 12 | 13 | 14 | 15 | 16 | 17 | 18 | 19 | 20 | 21 | 22 | 23 | 24 | 25 | 26 | 27 | 28 | 29 | 30 | 31 | 32 | 33 | 34 | 35 |
|---|---|---|---|---|---|---|---|---|---|---|---|---|---|---|---|---|---|---|---|---|---|---|---|---|---|---|---|---|---|---|---|---|---|---|---|
| period/spotting | | | | | | | | | | | | | | | | | | | | | | | | | | | | | | | | | | | |
| cervical fluid type | | | | | | | | | | | | | | | | | | | | | | | | | | | | | | | | | | | |
| saliva ovulation | | | | | | | | | | | | | | | | | | | | | | | | | | | | | | | | | | | |
| urine ovulation | | | | | | | | | | | | | | | | | | | | | | | | | | | | | | | | | | | |

## Mark your chart as follows

Period/spotting: H-heavy M-medium L-light S-spotting      Saliva Ovulation: +/?/-

Cervical Fluid Type: W-watery D-dry S-sticky E-egg white      Urine Ovulation: +/?/-

Notes:

| | date | | | | | | | | | | | | | | | | | | | | | | | | | | | | | | | | | | | | |
| --- | --- | --- | --- | --- | --- | --- | --- | --- | --- | --- | --- | --- | --- | --- | --- | --- | --- | --- | --- | --- | --- | --- | --- | --- | --- | --- | --- | --- | --- | --- | --- | --- | --- | --- | --- | --- | --- |
| | time | | | | | | | | | | | | | | | | | | | | | | | | | | | | | | | | | | | | |

**Basal Body Temperature**

| C | F |
| --- | --- |
| 37,7 | 99.0 |
| 37,6 | 98.9 |
| 37,5 | 98.8 |
| 37,4 | 98.7 |
| 37,3 | 98.6 |
| 37,2 | 98.5 |
| 37,1 | 98.4 |
| 37,0 | 98.3 |
| 36,9 | 98.2 |
| 36,8 | 98.1 |
| 36,7 | 98.0 |
| 36,6 | 97.9 |
| 36,5 | 97.8 |
| 36,4 | 97.7 |
| 36,3 | 97.6 |
| 36,2 | 97.5 |
| 36,1 | 97.4 |
| 36,0 | 97.3 |
| 35,9 | 97.2 |
| 35,8 | 97.1 |
| 35,7 | 97.0 |
| 35,6 | 96.9 |
| 35,5 | 96.8 |
| 35,4 | 96.7 |

| cycle day | 1 | 2 | 3 | 4 | 5 | 6 | 7 | 8 | 9 | 10 | 11 | 12 | 13 | 14 | 15 | 16 | 17 | 18 | 19 | 20 | 21 | 22 | 23 | 24 | 25 | 26 | 27 | 28 | 29 | 30 | 31 | 32 | 33 | 34 | 35 |
| --- | --- | --- | --- | --- | --- | --- | --- | --- | --- | --- | --- | --- | --- | --- | --- | --- | --- | --- | --- | --- | --- | --- | --- | --- | --- | --- | --- | --- | --- | --- | --- | --- | --- | --- | --- |
| period/spotting | | | | | | | | | | | | | | | | | | | | | | | | | | | | | | | | | | | |
| cervical fluid type | | | | | | | | | | | | | | | | | | | | | | | | | | | | | | | | | | | |
| saliva ovulation | | | | | | | | | | | | | | | | | | | | | | | | | | | | | | | | | | | |
| urine ovulation | | | | | | | | | | | | | | | | | | | | | | | | | | | | | | | | | | | |

**Mark your chart as follows**

Period/spotting: H-heavy M-medium L-light S-spotting     Saliva Ovulation: +/?/-

Cervical Fluid Type: W-watery D-dry S-sticky E-egg white     Urine Ovulation: +/?/-

Notes:

| date | | | | | | | | | | | | | | | | | | | | | | | | | | | | | | | | | | | | |
|---|---|---|---|---|---|---|---|---|---|---|---|---|---|---|---|---|---|---|---|---|---|---|---|---|---|---|---|---|---|---|---|---|---|---|---|---|---|
| time | | | | | | | | | | | | | | | | | | | | | | | | | | | | | | | | | | | | | |

| | C | F |
|---|---|---|
| | 37,7 | 99.0 |
| | 37,6 | 98.9 |
| | 37,5 | 98.8 |
| | 37,4 | 98.7 |
| | 37,3 | 98.6 |
| | 37,2 | 98.5 |
| | 37,1 | 98.4 |
| | 37,0 | 98.3 |
| Basal Body Temperature | 36,9 | 98.2 |
| | 36,8 | 98.1 |
| | 36,7 | 98.0 |
| | 36,6 | 97.9 |
| | 36,5 | 97.8 |
| | 36,4 | 97.7 |
| | 36,3 | 97.6 |
| | 36,2 | 97.5 |
| | 36,1 | 97.4 |
| | 36,0 | 97.3 |
| | 35,9 | 97.2 |
| | 35,8 | 97.1 |
| | 35,7 | 97.0 |
| | 35,6 | 96.9 |
| | 35,5 | 96.8 |
| | 35,4 | 96.7 |

| cycle day | 1 | 2 | 3 | 4 | 5 | 6 | 7 | 8 | 9 | 10 | 11 | 12 | 13 | 14 | 15 | 16 | 17 | 18 | 19 | 20 | 21 | 22 | 23 | 24 | 25 | 26 | 27 | 28 | 29 | 30 | 31 | 32 | 33 | 34 | 35 |
|---|---|---|---|---|---|---|---|---|---|---|---|---|---|---|---|---|---|---|---|---|---|---|---|---|---|---|---|---|---|---|---|---|---|---|---|
| period/spotting | | | | | | | | | | | | | | | | | | | | | | | | | | | | | | | | | | | |
| cervical fluid type | | | | | | | | | | | | | | | | | | | | | | | | | | | | | | | | | | | |
| saliva ovulation | | | | | | | | | | | | | | | | | | | | | | | | | | | | | | | | | | | |
| urine ovulation | | | | | | | | | | | | | | | | | | | | | | | | | | | | | | | | | | | |

Mark your chart as follows

Period/spotting: H-heavy M-medium L-light S-spotting          Saliva Ovulation: +/?/-

Cervical Fluid Type: W-watery D-dry S-sticky E-egg white          Urine Ovulation: +/?/-

Notes:

|  | date |  |  |  |  |  |  |  |  |  |  |  |  |  |  |  |  |  |  |  |  |  |  |  |  |  |  |  |  |  |  |  |  |  |  |  |
|  | time |  |  |  |  |  |  |  |  |  |  |  |  |  |  |  |  |  |  |  |  |  |  |  |  |  |  |  |  |  |  |  |  |  |  |  |  |

**Basal Body Temperature**

| C | F |
|---|---|
| 37,7 | 99.0 |
| 37,6 | 98.9 |
| 37,5 | 98.8 |
| 37,4 | 98.7 |
| 37,3 | 98.6 |
| 37,2 | 98.5 |
| 37,1 | 98.4 |
| 37,0 | 98.3 |
| 36,9 | 98.2 |
| 36,8 | 98.1 |
| 36,7 | 98.0 |
| 36,6 | 97.9 |
| 36,5 | 97.8 |
| 36,4 | 97.7 |
| 36,3 | 97.6 |
| 36,2 | 97.5 |
| 36,1 | 97.4 |
| 36,0 | 97.3 |
| 35,9 | 97.2 |
| 35,8 | 97.1 |
| 35,7 | 97.0 |
| 35,6 | 96.9 |
| 35,5 | 96.8 |
| 35,4 | 96.7 |

| cycle day | 1 | 2 | 3 | 4 | 5 | 6 | 7 | 8 | 9 | 10 | 11 | 12 | 13 | 14 | 15 | 16 | 17 | 18 | 19 | 20 | 21 | 22 | 23 | 24 | 25 | 26 | 27 | 28 | 29 | 30 | 31 | 32 | 33 | 34 | 35 |
|---|---|---|---|---|---|---|---|---|---|---|---|---|---|---|---|---|---|---|---|---|---|---|---|---|---|---|---|---|---|---|---|---|---|---|---|
| period/spotting | | | | | | | | | | | | | | | | | | | | | | | | | | | | | | | | | | | |
| cervical fluid type | | | | | | | | | | | | | | | | | | | | | | | | | | | | | | | | | | | |
| saliva ovulation | | | | | | | | | | | | | | | | | | | | | | | | | | | | | | | | | | | |
| urine ovulation | | | | | | | | | | | | | | | | | | | | | | | | | | | | | | | | | | | |

Mark your chart as follows

Period/spotting: H-heavy M-medium L-light S-spotting    Saliva Ovulation: +/?/-

Cervical Fluid Type: W-watery D-dry S-sticky E-egg white    Urine Ovulation: +/?/-

Notes:

| date | | | | | | | | | | | | | | | | | | | | | | | | | | | | | | | | | | | | |
|---|---|---|---|---|---|---|---|---|---|---|---|---|---|---|---|---|---|---|---|---|---|---|---|---|---|---|---|---|---|---|---|---|---|---|---|---|
| time | | | | | | | | | | | | | | | | | | | | | | | | | | | | | | | | | | | | |

**Basal Body Temperature**

| C | F | | | | | | | | | | | | | | | | | | | | | | | | | | | | | | | | | | | |
|---|---|---|---|---|---|---|---|---|---|---|---|---|---|---|---|---|---|---|---|---|---|---|---|---|---|---|---|---|---|---|---|---|---|---|---|---|
| 37,7 | 99.0 | | | | | | | | | | | | | | | | | | | | | | | | | | | | | | | | | | | | |
| 37,6 | 98.9 | | | | | | | | | | | | | | | | | | | | | | | | | | | | | | | | | | | | |
| 37,5 | 98.8 | | | | | | | | | | | | | | | | | | | | | | | | | | | | | | | | | | | | |
| 37,4 | 98.7 | | | | | | | | | | | | | | | | | | | | | | | | | | | | | | | | | | | | |
| 37,3 | 98.6 | | | | | | | | | | | | | | | | | | | | | | | | | | | | | | | | | | | | |
| 37,2 | 98.5 | | | | | | | | | | | | | | | | | | | | | | | | | | | | | | | | | | | | |
| 37,1 | 98.4 | | | | | | | | | | | | | | | | | | | | | | | | | | | | | | | | | | | | |
| 37,0 | 98.3 | | | | | | | | | | | | | | | | | | | | | | | | | | | | | | | | | | | | |
| 36,9 | 98.2 | | | | | | | | | | | | | | | | | | | | | | | | | | | | | | | | | | | | |
| 36,8 | 98.1 | | | | | | | | | | | | | | | | | | | | | | | | | | | | | | | | | | | | |
| 36,7 | 98.0 | | | | | | | | | | | | | | | | | | | | | | | | | | | | | | | | | | | | |
| 36,6 | 97.9 | | | | | | | | | | | | | | | | | | | | | | | | | | | | | | | | | | | | |
| 36,5 | 97.8 | | | | | | | | | | | | | | | | | | | | | | | | | | | | | | | | | | | | |
| 36,4 | 97.7 | | | | | | | | | | | | | | | | | | | | | | | | | | | | | | | | | | | | |
| 36,3 | 97.6 | | | | | | | | | | | | | | | | | | | | | | | | | | | | | | | | | | | | |
| 36,2 | 97.5 | | | | | | | | | | | | | | | | | | | | | | | | | | | | | | | | | | | | |
| 36,1 | 97.4 | | | | | | | | | | | | | | | | | | | | | | | | | | | | | | | | | | | | |
| 36,0 | 97.3 | | | | | | | | | | | | | | | | | | | | | | | | | | | | | | | | | | | | |
| 35,9 | 97.2 | | | | | | | | | | | | | | | | | | | | | | | | | | | | | | | | | | | | |
| 35,8 | 97.1 | | | | | | | | | | | | | | | | | | | | | | | | | | | | | | | | | | | | |
| 35,7 | 97.0 | | | | | | | | | | | | | | | | | | | | | | | | | | | | | | | | | | | | |
| 35,6 | 96.9 | | | | | | | | | | | | | | | | | | | | | | | | | | | | | | | | | | | | |
| 35,5 | 96.8 | | | | | | | | | | | | | | | | | | | | | | | | | | | | | | | | | | | | |
| 35,4 | 96.7 | | | | | | | | | | | | | | | | | | | | | | | | | | | | | | | | | | | | |

| cycle day | 1 | 2 | 3 | 4 | 5 | 6 | 7 | 8 | 9 | 10 | 11 | 12 | 13 | 14 | 15 | 16 | 17 | 18 | 19 | 20 | 21 | 22 | 23 | 24 | 25 | 26 | 27 | 28 | 29 | 30 | 31 | 32 | 33 | 34 | 35 |
|---|---|---|---|---|---|---|---|---|---|---|---|---|---|---|---|---|---|---|---|---|---|---|---|---|---|---|---|---|---|---|---|---|---|---|---|
| period/spotting | | | | | | | | | | | | | | | | | | | | | | | | | | | | | | | | | | | |
| cervical fluid type | | | | | | | | | | | | | | | | | | | | | | | | | | | | | | | | | | | |
| saliva ovulation | | | | | | | | | | | | | | | | | | | | | | | | | | | | | | | | | | | |
| urine ovulation | | | | | | | | | | | | | | | | | | | | | | | | | | | | | | | | | | | |

### Mark your chart as follows

Period/spotting: H-heavy M-medium L-light S-spotting    Saliva Ovulation: +/?/-

Cervical Fluid Type: W-watery D-dry S-sticky E-egg white    Urine Ovulation: +/?/-

Notes:

| | date | | | | | | | | | | | | | | | | | | | | | | | | | | | | | | | | | | | |
|---|---|---|---|---|---|---|---|---|---|---|---|---|---|---|---|---|---|---|---|---|---|---|---|---|---|---|---|---|---|---|---|---|---|---|---|---|---|
| | time | | | | | | | | | | | | | | | | | | | | | | | | | | | | | | | | | | | |
| | C | F | | | | | | | | | | | | | | | | | | | | | | | | | | | | | | | | | | | |
| | 37,7 | 99.0 | | | | | | | | | | | | | | | | | | | | | | | | | | | | | | | | | | | |
| | 37,6 | 98.9 | | | | | | | | | | | | | | | | | | | | | | | | | | | | | | | | | | | |
| | 37,5 | 98.8 | | | | | | | | | | | | | | | | | | | | | | | | | | | | | | | | | | | |
| | 37,4 | 98.7 | | | | | | | | | | | | | | | | | | | | | | | | | | | | | | | | | | | |
| | 37,3 | 98.6 | | | | | | | | | | | | | | | | | | | | | | | | | | | | | | | | | | | |
| | 37,2 | 98.5 | | | | | | | | | | | | | | | | | | | | | | | | | | | | | | | | | | | |
| | 37,1 | 98.4 | | | | | | | | | | | | | | | | | | | | | | | | | | | | | | | | | | | |
| | 37,0 | 98.3 | | | | | | | | | | | | | | | | | | | | | | | | | | | | | | | | | | | |
| | 36,9 | 98.2 | | | | | | | | | | | | | | | | | | | | | | | | | | | | | | | | | | | |
| | 36,8 | 98.1 | | | | | | | | | | | | | | | | | | | | | | | | | | | | | | | | | | | |
| Basal Body Temperature | 36,7 | 98.0 | | | | | | | | | | | | | | | | | | | | | | | | | | | | | | | | | | | |
| | 36,6 | 97.9 | | | | | | | | | | | | | | | | | | | | | | | | | | | | | | | | | | | |
| | 36,5 | 97.8 | | | | | | | | | | | | | | | | | | | | | | | | | | | | | | | | | | | |
| | 36,4 | 97.7 | | | | | | | | | | | | | | | | | | | | | | | | | | | | | | | | | | | |
| | 36,3 | 97.6 | | | | | | | | | | | | | | | | | | | | | | | | | | | | | | | | | | | |
| | 36,2 | 97.5 | | | | | | | | | | | | | | | | | | | | | | | | | | | | | | | | | | | |
| | 36,1 | 97.4 | | | | | | | | | | | | | | | | | | | | | | | | | | | | | | | | | | | |
| | 36,0 | 97.3 | | | | | | | | | | | | | | | | | | | | | | | | | | | | | | | | | | | |
| | 35,9 | 97.2 | | | | | | | | | | | | | | | | | | | | | | | | | | | | | | | | | | | |
| | 35,8 | 97.1 | | | | | | | | | | | | | | | | | | | | | | | | | | | | | | | | | | | |
| | 35,7 | 97.0 | | | | | | | | | | | | | | | | | | | | | | | | | | | | | | | | | | | |
| | 35,6 | 96.9 | | | | | | | | | | | | | | | | | | | | | | | | | | | | | | | | | | | |
| | 35,5 | 96.8 | | | | | | | | | | | | | | | | | | | | | | | | | | | | | | | | | | | |
| | 35,4 | 96.7 | | | | | | | | | | | | | | | | | | | | | | | | | | | | | | | | | | | |

| cycle day | 1 | 2 | 3 | 4 | 5 | 6 | 7 | 8 | 9 | 10 | 11 | 12 | 13 | 14 | 15 | 16 | 17 | 18 | 19 | 20 | 21 | 22 | 23 | 24 | 25 | 26 | 27 | 28 | 29 | 30 | 31 | 32 | 33 | 34 | 35 |
|---|---|---|---|---|---|---|---|---|---|---|---|---|---|---|---|---|---|---|---|---|---|---|---|---|---|---|---|---|---|---|---|---|---|---|---|
| period/spotting | | | | | | | | | | | | | | | | | | | | | | | | | | | | | | | | | | | |
| cervical fluid type | | | | | | | | | | | | | | | | | | | | | | | | | | | | | | | | | | | |
| saliva ovulation | | | | | | | | | | | | | | | | | | | | | | | | | | | | | | | | | | | |
| urine ovulation | | | | | | | | | | | | | | | | | | | | | | | | | | | | | | | | | | | |

### Mark your chart as follows

Period/spotting: H-heavy M-medium L-light S-spotting          Saliva Ovulation: +/?/-

Cervical Fluid Type: W-watery D-dry S-sticky E-egg white          Urine Ovulation: +/?/-

Notes:

| date | | | | | | | | | | | | | | | | | | | | | | | | | | | | | | | | | | | | |
|---|---|---|---|---|---|---|---|---|---|---|---|---|---|---|---|---|---|---|---|---|---|---|---|---|---|---|---|---|---|---|---|---|---|---|---|---|
| time | | | | | | | | | | | | | | | | | | | | | | | | | | | | | | | | | | | | |

**Basal Body Temperature**

| C | F | | | | | | | | | | | | | | | | | | | | | | | | | | | | | | | | | | | |
|---|---|---|---|---|---|---|---|---|---|---|---|---|---|---|---|---|---|---|---|---|---|---|---|---|---|---|---|---|---|---|---|---|---|---|---|---|---|
| 37,7 | 99.0 | | | | | | | | | | | | | | | | | | | | | | | | | | | | | | | | | | | | |
| 37,6 | 98.9 | | | | | | | | | | | | | | | | | | | | | | | | | | | | | | | | | | | | |
| 37,5 | 98.8 | | | | | | | | | | | | | | | | | | | | | | | | | | | | | | | | | | | | |
| 37,4 | 98.7 | | | | | | | | | | | | | | | | | | | | | | | | | | | | | | | | | | | | |
| 37,3 | 98.6 | | | | | | | | | | | | | | | | | | | | | | | | | | | | | | | | | | | | |
| 37,2 | 98.5 | | | | | | | | | | | | | | | | | | | | | | | | | | | | | | | | | | | | |
| 37,1 | 98.4 | | | | | | | | | | | | | | | | | | | | | | | | | | | | | | | | | | | | |
| 37,0 | 98.3 | | | | | | | | | | | | | | | | | | | | | | | | | | | | | | | | | | | | |
| 36,9 | 98.2 | | | | | | | | | | | | | | | | | | | | | | | | | | | | | | | | | | | | |
| 36,8 | 98.1 | | | | | | | | | | | | | | | | | | | | | | | | | | | | | | | | | | | | |
| 36,7 | 98.0 | | | | | | | | | | | | | | | | | | | | | | | | | | | | | | | | | | | | |
| 36,6 | 97.9 | | | | | | | | | | | | | | | | | | | | | | | | | | | | | | | | | | | | |
| 36,5 | 97.8 | | | | | | | | | | | | | | | | | | | | | | | | | | | | | | | | | | | | |
| 36,4 | 97.7 | | | | | | | | | | | | | | | | | | | | | | | | | | | | | | | | | | | | |
| 36,3 | 97.6 | | | | | | | | | | | | | | | | | | | | | | | | | | | | | | | | | | | | |
| 36,2 | 97.5 | | | | | | | | | | | | | | | | | | | | | | | | | | | | | | | | | | | | |
| 36,1 | 97.4 | | | | | | | | | | | | | | | | | | | | | | | | | | | | | | | | | | | | |
| 36,0 | 97.3 | | | | | | | | | | | | | | | | | | | | | | | | | | | | | | | | | | | | |
| 35,9 | 97.2 | | | | | | | | | | | | | | | | | | | | | | | | | | | | | | | | | | | | |
| 35,8 | 97.1 | | | | | | | | | | | | | | | | | | | | | | | | | | | | | | | | | | | | |
| 35,7 | 97.0 | | | | | | | | | | | | | | | | | | | | | | | | | | | | | | | | | | | | |
| 35,6 | 96.9 | | | | | | | | | | | | | | | | | | | | | | | | | | | | | | | | | | | | |
| 35,5 | 96.8 | | | | | | | | | | | | | | | | | | | | | | | | | | | | | | | | | | | | |
| 35,4 | 96.7 | | | | | | | | | | | | | | | | | | | | | | | | | | | | | | | | | | | | |

| cycle day | 1 | 2 | 3 | 4 | 5 | 6 | 7 | 8 | 9 | 10 | 11 | 12 | 13 | 14 | 15 | 16 | 17 | 18 | 19 | 20 | 21 | 22 | 23 | 24 | 25 | 26 | 27 | 28 | 29 | 30 | 31 | 32 | 33 | 34 | 35 |
|---|---|---|---|---|---|---|---|---|---|---|---|---|---|---|---|---|---|---|---|---|---|---|---|---|---|---|---|---|---|---|---|---|---|---|---|
| period/spotting | | | | | | | | | | | | | | | | | | | | | | | | | | | | | | | | | | | |
| cervical fluid type | | | | | | | | | | | | | | | | | | | | | | | | | | | | | | | | | | | |
| saliva ovulation | | | | | | | | | | | | | | | | | | | | | | | | | | | | | | | | | | | |
| urine ovulation | | | | | | | | | | | | | | | | | | | | | | | | | | | | | | | | | | | |

Mark your chart as follows

Period/spotting: H-heavy M-medium L-light S-spotting

Cervical Fluid Type: W-watery D-dry S-sticky E-egg white

Saliva Ovulation: +/?/-

Urine Ovulation: +/?/-

Notes:

|  | date | | | | | | | | | | | | | | | | | | | | | | | | | | | | | | | | | | | |
|---|---|---|---|---|---|---|---|---|---|---|---|---|---|---|---|---|---|---|---|---|---|---|---|---|---|---|---|---|---|---|---|---|---|---|---|---|
|  | time | | | | | | | | | | | | | | | | | | | | | | | | | | | | | | | | | | | |

| | C | F |
|---|---|---|
| | 37,7 | 99.0 |
| | 37,6 | 98.9 |
| | 37,5 | 98.8 |
| | 37,4 | 98.7 |
| | 37,3 | 98.6 |
| | 37,2 | 98.5 |
| | 37,1 | 98.4 |
| | 37,0 | 98.3 |
| | 36,9 | 98.2 |
| | 36,8 | 98.1 |
| Basal Body Temperature | 36,7 | 98.0 |
| | 36,6 | 97.9 |
| | 36,5 | 97.8 |
| | 36,4 | 97.7 |
| | 36,3 | 97.6 |
| | 36,2 | 97.5 |
| | 36,1 | 97.4 |
| | 36,0 | 97.3 |
| | 35,9 | 97.2 |
| | 35,8 | 97.1 |
| | 35,7 | 97.0 |
| | 35,6 | 96.9 |
| | 35,5 | 96.8 |
| | 35,4 | 96.7 |

| cycle day | 1 | 2 | 3 | 4 | 5 | 6 | 7 | 8 | 9 | 10 | 11 | 12 | 13 | 14 | 15 | 16 | 17 | 18 | 19 | 20 | 21 | 22 | 23 | 24 | 25 | 26 | 27 | 28 | 29 | 30 | 31 | 32 | 33 | 34 | 35 |
|---|---|---|---|---|---|---|---|---|---|---|---|---|---|---|---|---|---|---|---|---|---|---|---|---|---|---|---|---|---|---|---|---|---|---|---|
| period/spotting | | | | | | | | | | | | | | | | | | | | | | | | | | | | | | | | | | | |
| cervical fluid type | | | | | | | | | | | | | | | | | | | | | | | | | | | | | | | | | | | |
| saliva ovulation | | | | | | | | | | | | | | | | | | | | | | | | | | | | | | | | | | | |
| urine ovulation | | | | | | | | | | | | | | | | | | | | | | | | | | | | | | | | | | | |

Mark your chart as follows

Period/spotting: H-heavy M-medium L-light S-spotting     Saliva Ovulation: +/?/-

Cervical Fluid Type: W-watery D-dry S-sticky E-egg white     Urine Ovulation: +/?/-

Notes:

| | date | | | | | | | | | | | | | | | | | | | | | | | | | | | | | | | | | | | |
| --- | --- | --- | --- | --- | --- | --- | --- | --- | --- | --- | --- | --- | --- | --- | --- | --- | --- | --- | --- | --- | --- | --- | --- | --- | --- | --- | --- | --- | --- | --- | --- | --- | --- | --- | --- | --- |
| | time | | | | | | | | | | | | | | | | | | | | | | | | | | | | | | | | | | | |

| | C | F |
| --- | --- | --- |
| Basal Body Temperature | 37,7 | 99.0 |
| | 37,6 | 98.9 |
| | 37,5 | 98.8 |
| | 37,4 | 98.7 |
| | 37,3 | 98.6 |
| | 37,2 | 98.5 |
| | 37,1 | 98.4 |
| | 37,0 | 98.3 |
| | 36,9 | 98.2 |
| | 36,8 | 98.1 |
| | 36,7 | 98.0 |
| | 36,6 | 97.9 |
| | 36,5 | 97.8 |
| | 36,4 | 97.7 |
| | 36,3 | 97.6 |
| | 36,2 | 97.5 |
| | 36,1 | 97.4 |
| | 36,0 | 97.3 |
| | 35,9 | 97.2 |
| | 35,8 | 97.1 |
| | 35,7 | 97.0 |
| | 35,6 | 96.9 |
| | 35,5 | 96.8 |
| | 35,4 | 96.7 |

| cycle day | 1 | 2 | 3 | 4 | 5 | 6 | 7 | 8 | 9 | 10 | 11 | 12 | 13 | 14 | 15 | 16 | 17 | 18 | 19 | 20 | 21 | 22 | 23 | 24 | 25 | 26 | 27 | 28 | 29 | 30 | 31 | 32 | 33 | 34 | 35 |
| --- | --- | --- | --- | --- | --- | --- | --- | --- | --- | --- | --- | --- | --- | --- | --- | --- | --- | --- | --- | --- | --- | --- | --- | --- | --- | --- | --- | --- | --- | --- | --- | --- | --- | --- | --- |
| period/spotting | | | | | | | | | | | | | | | | | | | | | | | | | | | | | | | | | | | |
| cervical fluid type | | | | | | | | | | | | | | | | | | | | | | | | | | | | | | | | | | | |
| saliva ovulation | | | | | | | | | | | | | | | | | | | | | | | | | | | | | | | | | | | |
| urine ovulation | | | | | | | | | | | | | | | | | | | | | | | | | | | | | | | | | | | |

## Mark your chart as follows

Period/spotting: H-heavy M-medium L-light S-spotting  Saliva Ovulation: +/?/-

Cervical Fluid Type: W-watery D-dry S-sticky E-egg white  Urine Ovulation: +/?/-

Notes:

| | | date |
| --- | --- | --- |
| | | time |

**Basal Body Temperature**

| C | F |
| --- | --- |
| 37,7 | 99.0 |
| 37,6 | 98.9 |
| 37,5 | 98.8 |
| 37,4 | 98.7 |
| 37,3 | 98.6 |
| 37,2 | 98.5 |
| 37,1 | 98.4 |
| 37,0 | 98.3 |
| 36,9 | 98.2 |
| 36,8 | 98.1 |
| 36,7 | 98.0 |
| 36,6 | 97.9 |
| 36,5 | 97.8 |
| 36,4 | 97.7 |
| 36,3 | 97.6 |
| 36,2 | 97.5 |
| 36,1 | 97.4 |
| 36,0 | 97.3 |
| 35,9 | 97.2 |
| 35,8 | 97.1 |
| 35,7 | 97.0 |
| 35,6 | 96.9 |
| 35,5 | 96.8 |
| 35,4 | 96.7 |

| cycle day | 1 | 2 | 3 | 4 | 5 | 6 | 7 | 8 | 9 | 10 | 11 | 12 | 13 | 14 | 15 | 16 | 17 | 18 | 19 | 20 | 21 | 22 | 23 | 24 | 25 | 26 | 27 | 28 | 29 | 30 | 31 | 32 | 33 | 34 | 35 |
| --- | --- | --- | --- | --- | --- | --- | --- | --- | --- | --- | --- | --- | --- | --- | --- | --- | --- | --- | --- | --- | --- | --- | --- | --- | --- | --- | --- | --- | --- | --- | --- | --- | --- | --- | --- |
| period/spotting | | | | | | | | | | | | | | | | | | | | | | | | | | | | | | | | | | | |
| cervical fluid type | | | | | | | | | | | | | | | | | | | | | | | | | | | | | | | | | | | |
| saliva ovulation | | | | | | | | | | | | | | | | | | | | | | | | | | | | | | | | | | | |
| urine ovulation | | | | | | | | | | | | | | | | | | | | | | | | | | | | | | | | | | | |

**Mark your chart as follows**

Period/spotting: H-heavy M-medium L-light S-spotting     Saliva Ovulation: +/?/-

Cervical Fluid Type: W-watery D-dry S-sticky E-egg white     Urine Ovulation: +/?/-

Notes:

| date | | | | | | | | | | | | | | | | | | | | | | | | | | | | | | | | | | | | |
|------|--|--|--|--|--|--|--|--|--|--|--|--|--|--|--|--|--|--|--|--|--|--|--|--|--|--|--|--|--|--|--|--|--|--|--|--|
| time | | | | | | | | | | | | | | | | | | | | | | | | | | | | | | | | | | | | | |

**Basal Body Temperature**

| C | F |
|---|---|
| 37,7 | 99.0 |
| 37,6 | 98.9 |
| 37,5 | 98.8 |
| 37,4 | 98.7 |
| 37,3 | 98.6 |
| 37,2 | 98.5 |
| 37,1 | 98.4 |
| 37,0 | 98.3 |
| 36,9 | 98.2 |
| 36,8 | 98.1 |
| 36,7 | 98.0 |
| 36,6 | 97.9 |
| 36,5 | 97.8 |
| 36,4 | 97.7 |
| 36,3 | 97.6 |
| 36,2 | 97.5 |
| 36,1 | 97.4 |
| 36,0 | 97.3 |
| 35,9 | 97.2 |
| 35,8 | 97.1 |
| 35,7 | 97.0 |
| 35,6 | 96.9 |
| 35,5 | 96.8 |
| 35,4 | 96.7 |

| cycle day | 1 | 2 | 3 | 4 | 5 | 6 | 7 | 8 | 9 | 10 | 11 | 12 | 13 | 14 | 15 | 16 | 17 | 18 | 19 | 20 | 21 | 22 | 23 | 24 | 25 | 26 | 27 | 28 | 29 | 30 | 31 | 32 | 33 | 34 | 35 |
|-----------|---|---|---|---|---|---|---|---|---|----|----|----|----|----|----|----|----|----|----|----|----|----|----|----|----|----|----|----|----|----|----|----|----|----|----|
| period/spotting | | | | | | | | | | | | | | | | | | | | | | | | | | | | | | | | | | | |
| cervical fluid type | | | | | | | | | | | | | | | | | | | | | | | | | | | | | | | | | | | |
| saliva ovulation | | | | | | | | | | | | | | | | | | | | | | | | | | | | | | | | | | | |
| urine ovulation | | | | | | | | | | | | | | | | | | | | | | | | | | | | | | | | | | | |

**Mark your chart as follows**

Period/spotting: H-heavy M-medium L-light S-spotting     Saliva Ovulation: +/?/-

Cervical Fluid Type: W-watery D-dry S-sticky E-egg white     Urine Ovulation: +/?/-

Notes:

| | date | | | | | | | | | | | | | | | | | | | | | | | | | | | | | | | | | | | | |
|---|---|---|---|---|---|---|---|---|---|---|---|---|---|---|---|---|---|---|---|---|---|---|---|---|---|---|---|---|---|---|---|---|---|---|---|---|---|
| | time | | | | | | | | | | | | | | | | | | | | | | | | | | | | | | | | | | | | | |

**Basal Body Temperature**

| C | F |
|---|---|
| 37,7 | 99.0 |
| 37,6 | 98.9 |
| 37,5 | 98.8 |
| 37,4 | 98.7 |
| 37,3 | 98.6 |
| 37,2 | 98.5 |
| 37,1 | 98.4 |
| 37,0 | 98.3 |
| 36,9 | 98.2 |
| 36,8 | 98.1 |
| 36,7 | 98.0 |
| 36,6 | 97.9 |
| 36,5 | 97.8 |
| 36,4 | 97.7 |
| 36,3 | 97.6 |
| 36,2 | 97.5 |
| 36,1 | 97.4 |
| 36,0 | 97.3 |
| 35,9 | 97.2 |
| 35,8 | 97.1 |
| 35,7 | 97.0 |
| 35,6 | 96.9 |
| 35,5 | 96.8 |
| 35,4 | 96.7 |

| cycle day | 1 | 2 | 3 | 4 | 5 | 6 | 7 | 8 | 9 | 10 | 11 | 12 | 13 | 14 | 15 | 16 | 17 | 18 | 19 | 20 | 21 | 22 | 23 | 24 | 25 | 26 | 27 | 28 | 29 | 30 | 31 | 32 | 33 | 34 | 35 |
|---|---|---|---|---|---|---|---|---|---|---|---|---|---|---|---|---|---|---|---|---|---|---|---|---|---|---|---|---|---|---|---|---|---|---|---|
| period/spotting | | | | | | | | | | | | | | | | | | | | | | | | | | | | | | | | | | | |
| cervical fluid type | | | | | | | | | | | | | | | | | | | | | | | | | | | | | | | | | | | |
| saliva ovulation | | | | | | | | | | | | | | | | | | | | | | | | | | | | | | | | | | | |
| urine ovulation | | | | | | | | | | | | | | | | | | | | | | | | | | | | | | | | | | | |

Mark your chart as follows

Period/spotting: H-heavy M-medium L-light S-spotting    Saliva Ovulation: +/?/-

Cervical Fluid Type: W-watery D-dry S-sticky E-egg white    Urine Ovulation: +/?/-

Notes:

| date | | | | | | | | | | | | | | | | | | | | | | | | | | | | | | | | | | | | |
|---|---|---|---|---|---|---|---|---|---|---|---|---|---|---|---|---|---|---|---|---|---|---|---|---|---|---|---|---|---|---|---|---|---|---|---|---|
| time | | | | | | | | | | | | | | | | | | | | | | | | | | | | | | | | | | | | | |

| | C | F |
|---|---|---|
| | 37,7 | 99.0 |
| | 37,6 | 98.9 |
| | 37,5 | 98.8 |
| | 37,4 | 98.7 |
| | 37,3 | 98.6 |
| | 37,2 | 98.5 |
| | 37,1 | 98.4 |
| | 37,0 | 98.3 |
| | 36,9 | 98.2 |
| | 36,8 | 98.1 |
| | 36,7 | 98.0 |
| Basal Body Temperature | 36,6 | 97.9 |
| | 36,5 | 97.8 |
| | 36,4 | 97.7 |
| | 36,3 | 97.6 |
| | 36,2 | 97.5 |
| | 36,1 | 97.4 |
| | 36,0 | 97.3 |
| | 35,9 | 97.2 |
| | 35,8 | 97.1 |
| | 35,7 | 97.0 |
| | 35,6 | 96.9 |
| | 35,5 | 96.8 |
| | 35,4 | 96.7 |

| cycle day | 1 | 2 | 3 | 4 | 5 | 6 | 7 | 8 | 9 | 10 | 11 | 12 | 13 | 14 | 15 | 16 | 17 | 18 | 19 | 20 | 21 | 22 | 23 | 24 | 25 | 26 | 27 | 28 | 29 | 30 | 31 | 32 | 33 | 34 | 35 |
|---|---|---|---|---|---|---|---|---|---|---|---|---|---|---|---|---|---|---|---|---|---|---|---|---|---|---|---|---|---|---|---|---|---|---|---|
| period/spotting | | | | | | | | | | | | | | | | | | | | | | | | | | | | | | | | | | | |
| cervical fluid type | | | | | | | | | | | | | | | | | | | | | | | | | | | | | | | | | | | |
| saliva ovulation | | | | | | | | | | | | | | | | | | | | | | | | | | | | | | | | | | | |
| urine ovulation | | | | | | | | | | | | | | | | | | | | | | | | | | | | | | | | | | | |

### Mark your chart as follows

Period/spotting: H-heavy M-medium L-light S-spotting    Saliva Ovulation: +/?/-

Cervical Fluid Type: W-watery D-dry S-sticky E-egg white    Urine Ovulation: +/?/-

Notes:

| | date | | | | | | | | | | | | | | | | | | | | | | | | | | | | | | | | | | | |
|---|---|---|---|---|---|---|---|---|---|---|---|---|---|---|---|---|---|---|---|---|---|---|---|---|---|---|---|---|---|---|---|---|---|---|---|---|---|
| | time | | | | | | | | | | | | | | | | | | | | | | | | | | | | | | | | | | | |

| | C | F |
|---|---|---|
| | 37,7 | 99.0 |
| | 37,6 | 98.9 |
| | 37,5 | 98.8 |
| | 37,4 | 98.7 |
| | 37,3 | 98.6 |
| | 37,2 | 98.5 |
| | 37,1 | 98.4 |
| | 37,0 | 98.3 |
| Basal Body Temperature | 36,9 | 98.2 |
| | 36,8 | 98.1 |
| | 36,7 | 98.0 |
| | 36,6 | 97.9 |
| | 36,5 | 97.8 |
| | 36,4 | 97.7 |
| | 36,3 | 97.6 |
| | 36,2 | 97.5 |
| | 36,1 | 97.4 |
| | 36,0 | 97.3 |
| | 35,9 | 97.2 |
| | 35,8 | 97.1 |
| | 35,7 | 97.0 |
| | 35,6 | 96.9 |
| | 35,5 | 96.8 |
| | 35,4 | 96.7 |

| cycle day | 1 | 2 | 3 | 4 | 5 | 6 | 7 | 8 | 9 | 10 | 11 | 12 | 13 | 14 | 15 | 16 | 17 | 18 | 19 | 20 | 21 | 22 | 23 | 24 | 25 | 26 | 27 | 28 | 29 | 30 | 31 | 32 | 33 | 34 | 35 |
|---|---|---|---|---|---|---|---|---|---|---|---|---|---|---|---|---|---|---|---|---|---|---|---|---|---|---|---|---|---|---|---|---|---|---|---|
| period/spotting | | | | | | | | | | | | | | | | | | | | | | | | | | | | | | | | | | | |
| cervical fluid type | | | | | | | | | | | | | | | | | | | | | | | | | | | | | | | | | | | |
| saliva ovulation | | | | | | | | | | | | | | | | | | | | | | | | | | | | | | | | | | | |
| urine ovulation | | | | | | | | | | | | | | | | | | | | | | | | | | | | | | | | | | | |

**Mark your chart as follows**

Period/spotting: H-heavy M-medium L-light S-spotting    Saliva Ovulation: +/?/-

Cervical Fluid Type: W-watery D-dry S-sticky E-egg white    Urine Ovulation: +/?/-

Notes:

| date | | | | | | | | | | | | | | | | | | | | | | | | | | | | | | | | | | | |
|---|---|---|---|---|---|---|---|---|---|---|---|---|---|---|---|---|---|---|---|---|---|---|---|---|---|---|---|---|---|---|---|---|---|---|---|
| time | | | | | | | | | | | | | | | | | | | | | | | | | | | | | | | | | | | |

**Basal Body Temperature**

| C | F |
|---|---|
| 37,7 | 99.0 |
| 37,6 | 98.9 |
| 37,5 | 98.8 |
| 37,4 | 98.7 |
| 37,3 | 98.6 |
| 37,2 | 98.5 |
| 37,1 | 98.4 |
| 37,0 | 98.3 |
| 36,9 | 98.2 |
| 36,8 | 98.1 |
| 36,7 | 98.0 |
| 36,6 | 97.9 |
| 36,5 | 97.8 |
| 36,4 | 97.7 |
| 36,3 | 97.6 |
| 36,2 | 97.5 |
| 36,1 | 97.4 |
| 36,0 | 97.3 |
| 35,9 | 97.2 |
| 35,8 | 97.1 |
| 35,7 | 97.0 |
| 35,6 | 96.9 |
| 35,5 | 96.8 |
| 35,4 | 96.7 |

| cycle day | 1 | 2 | 3 | 4 | 5 | 6 | 7 | 8 | 9 | 10 | 11 | 12 | 13 | 14 | 15 | 16 | 17 | 18 | 19 | 20 | 21 | 22 | 23 | 24 | 25 | 26 | 27 | 28 | 29 | 30 | 31 | 32 | 33 | 34 | 35 |
|---|---|---|---|---|---|---|---|---|---|---|---|---|---|---|---|---|---|---|---|---|---|---|---|---|---|---|---|---|---|---|---|---|---|---|---|
| period/spotting | | | | | | | | | | | | | | | | | | | | | | | | | | | | | | | | | | | |
| cervical fluid type | | | | | | | | | | | | | | | | | | | | | | | | | | | | | | | | | | | |
| saliva ovulation | | | | | | | | | | | | | | | | | | | | | | | | | | | | | | | | | | | |
| urine ovulation | | | | | | | | | | | | | | | | | | | | | | | | | | | | | | | | | | | |

Mark your chart as follows

Period/spotting: H-heavy M-medium L-light S-spotting     Saliva Ovulation: +/?/-

Cervical Fluid Type: W-watery D-dry S-sticky E-egg white     Urine Ovulation: +/?/-

Notes:

| date | | | | | | | | | | | | | | | | | | | | | | | | | | | | | | | | | | | | |
|---|---|---|---|---|---|---|---|---|---|---|---|---|---|---|---|---|---|---|---|---|---|---|---|---|---|---|---|---|---|---|---|---|---|---|---|---|
| **time** | | | | | | | | | | | | | | | | | | | | | | | | | | | | | | | | | | | | |

| | C | F |
|---|---|---|
| | 37,7 | 99.0 |
| | 37,6 | 98.9 |
| | 37,5 | 98.8 |
| | 37,4 | 98.7 |
| | 37,3 | 98.6 |
| | 37,2 | 98.5 |
| | 37,1 | 98.4 |
| | 37,0 | 98.3 |
| Basal Body Temperature | 36,9 | 98.2 |
| | 36,8 | 98.1 |
| | 36,7 | 98.0 |
| | 36,6 | 97.9 |
| | 36,5 | 97.8 |
| | 36,4 | 97.7 |
| | 36,3 | 97.6 |
| | 36,2 | 97.5 |
| | 36,1 | 97.4 |
| | 36,0 | 97.3 |
| | 35,9 | 97.2 |
| | 35,8 | 97.1 |
| | 35,7 | 97.0 |
| | 35,6 | 96.9 |
| | 35,5 | 96.8 |
| | 35,4 | 96.7 |

| cycle day | 1 | 2 | 3 | 4 | 5 | 6 | 7 | 8 | 9 | 10 | 11 | 12 | 13 | 14 | 15 | 16 | 17 | 18 | 19 | 20 | 21 | 22 | 23 | 24 | 25 | 26 | 27 | 28 | 29 | 30 | 31 | 32 | 33 | 34 | 35 |
|---|---|---|---|---|---|---|---|---|---|---|---|---|---|---|---|---|---|---|---|---|---|---|---|---|---|---|---|---|---|---|---|---|---|---|---|
| period/spotting | | | | | | | | | | | | | | | | | | | | | | | | | | | | | | | | | | | |
| cervical fluid type | | | | | | | | | | | | | | | | | | | | | | | | | | | | | | | | | | | |
| saliva ovulation | | | | | | | | | | | | | | | | | | | | | | | | | | | | | | | | | | | |
| urine ovulation | | | | | | | | | | | | | | | | | | | | | | | | | | | | | | | | | | | |

**Mark your chart as follows**

Period/spotting: H-heavy M-medium L-light S-spotting     Saliva Ovulation: +/?/-

Cervical Fluid Type: W-watery D-dry S-sticky E-egg white     Urine Ovulation: +/?/-

Notes:

| date | | | | | | | | | | | | | | | | | | | | | | | | | | | | | | | | | | | |
|---|---|---|---|---|---|---|---|---|---|---|---|---|---|---|---|---|---|---|---|---|---|---|---|---|---|---|---|---|---|---|---|---|---|---|---|
| **time** | | | | | | | | | | | | | | | | | | | | | | | | | | | | | | | | | | | |

**Basal Body Temperature**

| C | F |
|---|---|
| 37,7 | 99.0 |
| 37,6 | 98.9 |
| 37,5 | 98.8 |
| 37,4 | 98.7 |
| 37,3 | 98.6 |
| 37,2 | 98.5 |
| 37,1 | 98.4 |
| 37,0 | 98.3 |
| 36,9 | 98.2 |
| 36,8 | 98.1 |
| 36,7 | 98.0 |
| 36,6 | 97.9 |
| 36,5 | 97.8 |
| 36,4 | 97.7 |
| 36,3 | 97.6 |
| 36,2 | 97.5 |
| 36,1 | 97.4 |
| 36,0 | 97.3 |
| 35,9 | 97.2 |
| 35,8 | 97.1 |
| 35,7 | 97.0 |
| 35,6 | 96.9 |
| 35,5 | 96.8 |
| 35,4 | 96.7 |

| cycle day | 1 | 2 | 3 | 4 | 5 | 6 | 7 | 8 | 9 | 10 | 11 | 12 | 13 | 14 | 15 | 16 | 17 | 18 | 19 | 20 | 21 | 22 | 23 | 24 | 25 | 26 | 27 | 28 | 29 | 30 | 31 | 32 | 33 | 34 | 35 |
|---|---|---|---|---|---|---|---|---|---|---|---|---|---|---|---|---|---|---|---|---|---|---|---|---|---|---|---|---|---|---|---|---|---|---|---|
| period/spotting | | | | | | | | | | | | | | | | | | | | | | | | | | | | | | | | | | | |
| cervical fluid type | | | | | | | | | | | | | | | | | | | | | | | | | | | | | | | | | | | |
| saliva ovulation | | | | | | | | | | | | | | | | | | | | | | | | | | | | | | | | | | | |
| urine ovulation | | | | | | | | | | | | | | | | | | | | | | | | | | | | | | | | | | | |

### Mark your chart as follows

Period/spotting: H-heavy M-medium L-light S-spotting    Saliva Ovulation: +/?/-

Cervical Fluid Type: W-watery D-dry S-sticky E-egg white    Urine Ovulation: +/?/-

**Notes:**

| | date | | | | | | | | | | | | | | | | | | | | | | | | | | | | | | | | | | |
|---|---|---|---|---|---|---|---|---|---|---|---|---|---|---|---|---|---|---|---|---|---|---|---|---|---|---|---|---|---|---|---|---|---|---|---|---|
| | time | | | | | | | | | | | | | | | | | | | | | | | | | | | | | | | | | | | |

**Basal Body Temperature**

| C | F |
|---|---|
| 37,7 | 99.0 |
| 37,6 | 98.9 |
| 37,5 | 98.8 |
| 37,4 | 98.7 |
| 37,3 | 98.6 |
| 37,2 | 98.5 |
| 37,1 | 98.4 |
| 37,0 | 98.3 |
| 36,9 | 98.2 |
| 36,8 | 98.1 |
| 36,7 | 98.0 |
| 36,6 | 97.9 |
| 36,5 | 97.8 |
| 36,4 | 97.7 |
| 36,3 | 97.6 |
| 36,2 | 97.5 |
| 36,1 | 97.4 |
| 36,0 | 97.3 |
| 35,9 | 97.2 |
| 35,8 | 97.1 |
| 35,7 | 97.0 |
| 35,6 | 96.9 |
| 35,5 | 96.8 |
| 35,4 | 96.7 |

| cycle day | 1 | 2 | 3 | 4 | 5 | 6 | 7 | 8 | 9 | 10 | 11 | 12 | 13 | 14 | 15 | 16 | 17 | 18 | 19 | 20 | 21 | 22 | 23 | 24 | 25 | 26 | 27 | 28 | 29 | 30 | 31 | 32 | 33 | 34 | 35 |
|---|---|---|---|---|---|---|---|---|---|---|---|---|---|---|---|---|---|---|---|---|---|---|---|---|---|---|---|---|---|---|---|---|---|---|---|
| period/spotting | | | | | | | | | | | | | | | | | | | | | | | | | | | | | | | | | | | |
| cervical fluid type | | | | | | | | | | | | | | | | | | | | | | | | | | | | | | | | | | | |
| saliva ovulation | | | | | | | | | | | | | | | | | | | | | | | | | | | | | | | | | | | |
| urine ovulation | | | | | | | | | | | | | | | | | | | | | | | | | | | | | | | | | | | |

### Mark your chart as follows

Period/spotting: H-heavy M-medium L-light S-spotting    Saliva Ovulation: +/?/-

Cervical Fluid Type: W-watery D-dry S-sticky E-egg white    Urine Ovulation: +/?/-

Notes:

| | date | | | | | | | | | | | | | | | | | | | | | | | | | | | | | | | | | | | |
|---|---|---|---|---|---|---|---|---|---|---|---|---|---|---|---|---|---|---|---|---|---|---|---|---|---|---|---|---|---|---|---|---|---|---|---|---|
| | time | | | | | | | | | | | | | | | | | | | | | | | | | | | | | | | | | | | |

| | C | F |
|---|---|---|
| **Basal Body Temperature** | 37,7 | 99.0 |
| | 37,6 | 98.9 |
| | 37,5 | 98.8 |
| | 37,4 | 98.7 |
| | 37,3 | 98.6 |
| | 37,2 | 98.5 |
| | 37,1 | 98.4 |
| | 37,0 | 98.3 |
| | 36,9 | 98.2 |
| | 36,8 | 98.1 |
| | 36,7 | 98.0 |
| | 36,6 | 97.9 |
| | 36,5 | 97.8 |
| | 36,4 | 97.7 |
| | 36,3 | 97.6 |
| | 36,2 | 97.5 |
| | 36,1 | 97.4 |
| | 36,0 | 97.3 |
| | 35,9 | 97.2 |
| | 35,8 | 97.1 |
| | 35,7 | 97.0 |
| | 35,6 | 96.9 |
| | 35,5 | 96.8 |
| | 35,4 | 96.7 |

| cycle day | 1 | 2 | 3 | 4 | 5 | 6 | 7 | 8 | 9 | 10 | 11 | 12 | 13 | 14 | 15 | 16 | 17 | 18 | 19 | 20 | 21 | 22 | 23 | 24 | 25 | 26 | 27 | 28 | 29 | 30 | 31 | 32 | 33 | 34 | 35 |
|---|---|---|---|---|---|---|---|---|---|---|---|---|---|---|---|---|---|---|---|---|---|---|---|---|---|---|---|---|---|---|---|---|---|---|---|
| period/spotting | | | | | | | | | | | | | | | | | | | | | | | | | | | | | | | | | | | |
| cervical fluid type | | | | | | | | | | | | | | | | | | | | | | | | | | | | | | | | | | | |
| saliva ovulation | | | | | | | | | | | | | | | | | | | | | | | | | | | | | | | | | | | |
| urine ovulation | | | | | | | | | | | | | | | | | | | | | | | | | | | | | | | | | | | |

Mark your chart as follows

Period/spotting: H-heavy M-medium L-light S-spotting    Saliva Ovulation: +/?/-

Cervical Fluid Type: W-watery D-dry S-sticky E-egg white    Urine Ovulation: +/?/-

Notes:

| | date | | | | | | | | | | | | | | | | | | | | | | | | | | | | | | | | | | |
|---|---|---|---|---|---|---|---|---|---|---|---|---|---|---|---|---|---|---|---|---|---|---|---|---|---|---|---|---|---|---|---|---|---|---|---|---|
| | time | | | | | | | | | | | | | | | | | | | | | | | | | | | | | | | | | | | |

| Basal Body Temperature | C | F | | | | | | | | | | | | | | | | | | | | | | | | | | | | | | | | | | | |
|---|---|---|---|---|---|---|---|---|---|---|---|---|---|---|---|---|---|---|---|---|---|---|---|---|---|---|---|---|---|---|---|---|---|---|---|---|---|
| | 37,7 | 99.0 | | | | | | | | | | | | | | | | | | | | | | | | | | | | | | | | | | | |
| | 37,6 | 98.9 | | | | | | | | | | | | | | | | | | | | | | | | | | | | | | | | | | | |
| | 37,5 | 98.8 | | | | | | | | | | | | | | | | | | | | | | | | | | | | | | | | | | | |
| | 37,4 | 98.7 | | | | | | | | | | | | | | | | | | | | | | | | | | | | | | | | | | | |
| | 37,3 | 98.6 | | | | | | | | | | | | | | | | | | | | | | | | | | | | | | | | | | | |
| | 37,2 | 98.5 | | | | | | | | | | | | | | | | | | | | | | | | | | | | | | | | | | | |
| | 37,1 | 98.4 | | | | | | | | | | | | | | | | | | | | | | | | | | | | | | | | | | | |
| | 37,0 | 98.3 | | | | | | | | | | | | | | | | | | | | | | | | | | | | | | | | | | | |
| | 36,9 | 98.2 | | | | | | | | | | | | | | | | | | | | | | | | | | | | | | | | | | | |
| | 36,8 | 98.1 | | | | | | | | | | | | | | | | | | | | | | | | | | | | | | | | | | | |
| | 36,7 | 98.0 | | | | | | | | | | | | | | | | | | | | | | | | | | | | | | | | | | | |
| | 36,6 | 97.9 | | | | | | | | | | | | | | | | | | | | | | | | | | | | | | | | | | | |
| | 36,5 | 97.8 | | | | | | | | | | | | | | | | | | | | | | | | | | | | | | | | | | | |
| | 36,4 | 97.7 | | | | | | | | | | | | | | | | | | | | | | | | | | | | | | | | | | | |
| | 36,3 | 97.6 | | | | | | | | | | | | | | | | | | | | | | | | | | | | | | | | | | | |
| | 36,2 | 97.5 | | | | | | | | | | | | | | | | | | | | | | | | | | | | | | | | | | | |
| | 36,1 | 97.4 | | | | | | | | | | | | | | | | | | | | | | | | | | | | | | | | | | | |
| | 36,0 | 97.3 | | | | | | | | | | | | | | | | | | | | | | | | | | | | | | | | | | | |
| | 35,9 | 97.2 | | | | | | | | | | | | | | | | | | | | | | | | | | | | | | | | | | | |
| | 35,8 | 97.1 | | | | | | | | | | | | | | | | | | | | | | | | | | | | | | | | | | | |
| | 35,7 | 97.0 | | | | | | | | | | | | | | | | | | | | | | | | | | | | | | | | | | | |
| | 35,6 | 96.9 | | | | | | | | | | | | | | | | | | | | | | | | | | | | | | | | | | | |
| | 35,5 | 96.8 | | | | | | | | | | | | | | | | | | | | | | | | | | | | | | | | | | | |
| | 35,4 | 96.7 | | | | | | | | | | | | | | | | | | | | | | | | | | | | | | | | | | | |

| cycle day | 1 | 2 | 3 | 4 | 5 | 6 | 7 | 8 | 9 | 10 | 11 | 12 | 13 | 14 | 15 | 16 | 17 | 18 | 19 | 20 | 21 | 22 | 23 | 24 | 25 | 26 | 27 | 28 | 29 | 30 | 31 | 32 | 33 | 34 | 35 |
|---|---|---|---|---|---|---|---|---|---|---|---|---|---|---|---|---|---|---|---|---|---|---|---|---|---|---|---|---|---|---|---|---|---|---|---|
| period/spotting | | | | | | | | | | | | | | | | | | | | | | | | | | | | | | | | | | | |
| cervical fluid type | | | | | | | | | | | | | | | | | | | | | | | | | | | | | | | | | | | |
| saliva ovulation | | | | | | | | | | | | | | | | | | | | | | | | | | | | | | | | | | | |
| urine ovulation | | | | | | | | | | | | | | | | | | | | | | | | | | | | | | | | | | | |

Mark your chart as follows

Notes:

Period/spotting: H-heavy M-medium L-light S-spotting    Saliva Ovulation: +/?/-

Cervical Fluid Type: W-watery D-dry S-sticky E-egg white    Urine Ovulation: +/?/-

| date | | |
|------|---|---|
| time | | |
| | C | F |

| Basal Body Temperature | | |
|---|---|---|
| | 37,7 | 99.0 |
| | 37,6 | 98.9 |
| | 37,5 | 98.8 |
| | 37,4 | 98.7 |
| | 37,3 | 98.6 |
| | 37,2 | 98.5 |
| | 37,1 | 98.4 |
| | 37,0 | 98.3 |
| | 36,9 | 98.2 |
| | 36,8 | 98.1 |
| | 36,7 | 98.0 |
| | 36,6 | 97.9 |
| | 36,5 | 97.8 |
| | 36,4 | 97.7 |
| | 36,3 | 97.6 |
| | 36,2 | 97.5 |
| | 36,1 | 97.4 |
| | 36,0 | 97.3 |
| | 35,9 | 97.2 |
| | 35,8 | 97.1 |
| | 35,7 | 97.0 |
| | 35,6 | 96.9 |
| | 35,5 | 96.8 |
| | 35,4 | 96.7 |

| cycle day | 1 | 2 | 3 | 4 | 5 | 6 | 7 | 8 | 9 | 10 | 11 | 12 | 13 | 14 | 15 | 16 | 17 | 18 | 19 | 20 | 21 | 22 | 23 | 24 | 25 | 26 | 27 | 28 | 29 | 30 | 31 | 32 | 33 | 34 | 35 |
|---|---|---|---|---|---|---|---|---|---|---|---|---|---|---|---|---|---|---|---|---|---|---|---|---|---|---|---|---|---|---|---|---|---|---|---|
| period/spotting | | | | | | | | | | | | | | | | | | | | | | | | | | | | | | | | | | | |
| cervical fluid type | | | | | | | | | | | | | | | | | | | | | | | | | | | | | | | | | | | |
| saliva ovulation | | | | | | | | | | | | | | | | | | | | | | | | | | | | | | | | | | | |
| urine ovulation | | | | | | | | | | | | | | | | | | | | | | | | | | | | | | | | | | | |

Mark your chart as follows

Period/spotting: H-heavy M-medium L-light S-spotting    Saliva Ovulation: +/?/-
Cervical Fluid Type: W-watery D-dry S-sticky E-egg white    Urine Ovulation: +/?/-

Notes:

| | | | date | | | | | | | | | | | | | | | | | | | | | | | | | | | | | | | | | | |
|---|---|---|---|---|---|---|---|---|---|---|---|---|---|---|---|---|---|---|---|---|---|---|---|---|---|---|---|---|---|---|---|---|---|---|---|---|---|
| | | | time | | | | | | | | | | | | | | | | | | | | | | | | | | | | | | | | | | |

Basal Body Temperature

| C | F |
|---|---|
| 37,7 | 99.0 |
| 37,6 | 98.9 |
| 37,5 | 98.8 |
| 37,4 | 98.7 |
| 37,3 | 98.6 |
| 37,2 | 98.5 |
| 37,1 | 98.4 |
| 37,0 | 98.3 |
| 36,9 | 98.2 |
| 36,8 | 98.1 |
| 36,7 | 98.0 |
| 36,6 | 97.9 |
| 36,5 | 97.8 |
| 36,4 | 97.7 |
| 36,3 | 97.6 |
| 36,2 | 97.5 |
| 36,1 | 97.4 |
| 36,0 | 97.3 |
| 35,9 | 97.2 |
| 35,8 | 97.1 |
| 35,7 | 97.0 |
| 35,6 | 96.9 |
| 35,5 | 96.8 |
| 35,4 | 96.7 |

| cycle day | 1 | 2 | 3 | 4 | 5 | 6 | 7 | 8 | 9 | 10 | 11 | 12 | 13 | 14 | 15 | 16 | 17 | 18 | 19 | 20 | 21 | 22 | 23 | 24 | 25 | 26 | 27 | 28 | 29 | 30 | 31 | 32 | 33 | 34 | 35 |
|---|---|---|---|---|---|---|---|---|---|---|---|---|---|---|---|---|---|---|---|---|---|---|---|---|---|---|---|---|---|---|---|---|---|---|---|
| period/spotting | | | | | | | | | | | | | | | | | | | | | | | | | | | | | | | | | | | |
| cervical fluid type | | | | | | | | | | | | | | | | | | | | | | | | | | | | | | | | | | | |
| saliva ovulation | | | | | | | | | | | | | | | | | | | | | | | | | | | | | | | | | | | |
| urine ovulation | | | | | | | | | | | | | | | | | | | | | | | | | | | | | | | | | | | |

## Mark your chart as follows

Period/spotting: H-heavy M-medium L-light S-spotting     Saliva Ovulation: +/?/-

Cervical Fluid Type: W-watery D-dry S-sticky E-egg white     Urine Ovulation: +/?/-

Notes:

| | date | | | | | | | | | | | | | | | | | | | | | | | | | | | | | | | | | | |
|---|---|---|---|---|---|---|---|---|---|---|---|---|---|---|---|---|---|---|---|---|---|---|---|---|---|---|---|---|---|---|---|---|---|---|---|
| | time | | | | | | | | | | | | | | | | | | | | | | | | | | | | | | | | | | |

| Basal Body Temperature | C | F | | | | | | | | | | | | | | | | | | | | | | | | | | | | | | | | | | |
|---|---|---|---|---|---|---|---|---|---|---|---|---|---|---|---|---|---|---|---|---|---|---|---|---|---|---|---|---|---|---|---|---|---|---|---|---|
| | 37,7 | 99.0 | | | | | | | | | | | | | | | | | | | | | | | | | | | | | | | | | | |
| | 37,6 | 98.9 | | | | | | | | | | | | | | | | | | | | | | | | | | | | | | | | | | |
| | 37,5 | 98.8 | | | | | | | | | | | | | | | | | | | | | | | | | | | | | | | | | | |
| | 37,4 | 98.7 | | | | | | | | | | | | | | | | | | | | | | | | | | | | | | | | | | |
| | 37,3 | 98.6 | | | | | | | | | | | | | | | | | | | | | | | | | | | | | | | | | | |
| | 37,2 | 98.5 | | | | | | | | | | | | | | | | | | | | | | | | | | | | | | | | | | |
| | 37,1 | 98.4 | | | | | | | | | | | | | | | | | | | | | | | | | | | | | | | | | | |
| | 37,0 | 98.3 | | | | | | | | | | | | | | | | | | | | | | | | | | | | | | | | | | |
| | 36,9 | 98.2 | | | | | | | | | | | | | | | | | | | | | | | | | | | | | | | | | | |
| | 36,8 | 98.1 | | | | | | | | | | | | | | | | | | | | | | | | | | | | | | | | | | |
| | 36,7 | 98.0 | | | | | | | | | | | | | | | | | | | | | | | | | | | | | | | | | | |
| | 36,6 | 97.9 | | | | | | | | | | | | | | | | | | | | | | | | | | | | | | | | | | |
| | 36,5 | 97.8 | | | | | | | | | | | | | | | | | | | | | | | | | | | | | | | | | | |
| | 36,4 | 97.7 | | | | | | | | | | | | | | | | | | | | | | | | | | | | | | | | | | |
| | 36,3 | 97.6 | | | | | | | | | | | | | | | | | | | | | | | | | | | | | | | | | | |
| | 36,2 | 97.5 | | | | | | | | | | | | | | | | | | | | | | | | | | | | | | | | | | |
| | 36,1 | 97.4 | | | | | | | | | | | | | | | | | | | | | | | | | | | | | | | | | | |
| | 36,0 | 97.3 | | | | | | | | | | | | | | | | | | | | | | | | | | | | | | | | | | |
| | 35,9 | 97.2 | | | | | | | | | | | | | | | | | | | | | | | | | | | | | | | | | | |
| | 35,8 | 97.1 | | | | | | | | | | | | | | | | | | | | | | | | | | | | | | | | | | |
| | 35,7 | 97.0 | | | | | | | | | | | | | | | | | | | | | | | | | | | | | | | | | | |
| | 35,6 | 96.9 | | | | | | | | | | | | | | | | | | | | | | | | | | | | | | | | | | |
| | 35,5 | 96.8 | | | | | | | | | | | | | | | | | | | | | | | | | | | | | | | | | | |
| | 35,4 | 96.7 | | | | | | | | | | | | | | | | | | | | | | | | | | | | | | | | | | |

| cycle day | 1 | 2 | 3 | 4 | 5 | 6 | 7 | 8 | 9 | 10 | 11 | 12 | 13 | 14 | 15 | 16 | 17 | 18 | 19 | 20 | 21 | 22 | 23 | 24 | 25 | 26 | 27 | 28 | 29 | 30 | 31 | 32 | 33 | 34 | 35 |
|---|---|---|---|---|---|---|---|---|---|---|---|---|---|---|---|---|---|---|---|---|---|---|---|---|---|---|---|---|---|---|---|---|---|---|---|
| period/spotting | | | | | | | | | | | | | | | | | | | | | | | | | | | | | | | | | | | |
| cervical fluid type | | | | | | | | | | | | | | | | | | | | | | | | | | | | | | | | | | | |
| saliva ovulation | | | | | | | | | | | | | | | | | | | | | | | | | | | | | | | | | | | |
| urine ovulation | | | | | | | | | | | | | | | | | | | | | | | | | | | | | | | | | | | |

Mark your chart as follows

Period/spotting: H-heavy M-medium L-light S-spotting    Saliva Ovulation: +/?/-

Cervical Fluid Type: W-watery D-dry S-sticky E-egg white    Urine Ovulation: +/?/-

Notes:

| date | | | | | | | | | | | | | | | | | | | | | | | | | | | | | | | | | | | |
|---|---|---|---|---|---|---|---|---|---|---|---|---|---|---|---|---|---|---|---|---|---|---|---|---|---|---|---|---|---|---|---|---|---|---|---|
| time | | | | | | | | | | | | | | | | | | | | | | | | | | | | | | | | | | | |

| | C | F |
|---|---|---|

| Basal Body Temperature | | |
|---|---|---|
| | 37,7 | 99.0 |
| | 37,6 | 98.9 |
| | 37,5 | 98.8 |
| | 37,4 | 98.7 |
| | 37,3 | 98.6 |
| | 37,2 | 98.5 |
| | 37,1 | 98.4 |
| | 37,0 | 98.3 |
| | 36,9 | 98.2 |
| | 36,8 | 98.1 |
| | 36,7 | 98.0 |
| | 36,6 | 97.9 |
| | 36,5 | 97.8 |
| | 36,4 | 97.7 |
| | 36,3 | 97.6 |
| | 36,2 | 97.5 |
| | 36,1 | 97.4 |
| | 36,0 | 97.3 |
| | 35,9 | 97.2 |
| | 35,8 | 97.1 |
| | 35,7 | 97.0 |
| | 35,6 | 96.9 |
| | 35,5 | 96.8 |
| | 35,4 | 96.7 |

| cycle day | 1 | 2 | 3 | 4 | 5 | 6 | 7 | 8 | 9 | 10 | 11 | 12 | 13 | 14 | 15 | 16 | 17 | 18 | 19 | 20 | 21 | 22 | 23 | 24 | 25 | 26 | 27 | 28 | 29 | 30 | 31 | 32 | 33 | 34 | 35 |
|---|---|---|---|---|---|---|---|---|---|---|---|---|---|---|---|---|---|---|---|---|---|---|---|---|---|---|---|---|---|---|---|---|---|---|---|
| period/spotting | | | | | | | | | | | | | | | | | | | | | | | | | | | | | | | | | | | |
| cervical fluid type | | | | | | | | | | | | | | | | | | | | | | | | | | | | | | | | | | | |
| saliva ovulation | | | | | | | | | | | | | | | | | | | | | | | | | | | | | | | | | | | |
| urine ovulation | | | | | | | | | | | | | | | | | | | | | | | | | | | | | | | | | | | |

## Mark your chart as follows

Period/spotting: H-heavy M-medium L-light S-spotting     Saliva Ovulation: +/?/-

Cervical Fluid Type: W-watery D-dry S-sticky E-egg white     Urine Ovulation: +/?/-

Notes:

| | date | | | | | | | | | | | | | | | | | | | | | | | | | | | | | | | | | | | |
|---|---|---|---|---|---|---|---|---|---|---|---|---|---|---|---|---|---|---|---|---|---|---|---|---|---|---|---|---|---|---|---|---|---|---|---|---|---|
| | time | | | | | | | | | | | | | | | | | | | | | | | | | | | | | | | | | | | | |

**Basal Body Temperature**

| C | F |
|---|---|
| 37,7 | 99.0 |
| 37,6 | 98.9 |
| 37,5 | 98.8 |
| 37,4 | 98.7 |
| 37,3 | 98.6 |
| 37,2 | 98.5 |
| 37,1 | 98.4 |
| 37,0 | 98.3 |
| 36,9 | 98.2 |
| 36,8 | 98.1 |
| 36,7 | 98.0 |
| 36,6 | 97.9 |
| 36,5 | 97.8 |
| 36,4 | 97.7 |
| 36,3 | 97.6 |
| 36,2 | 97.5 |
| 36,1 | 97.4 |
| 36,0 | 97.3 |
| 35,9 | 97.2 |
| 35,8 | 97.1 |
| 35,7 | 97.0 |
| 35,6 | 96.9 |
| 35,5 | 96.8 |
| 35,4 | 96.7 |

| cycle day | 1 | 2 | 3 | 4 | 5 | 6 | 7 | 8 | 9 | 10 | 11 | 12 | 13 | 14 | 15 | 16 | 17 | 18 | 19 | 20 | 21 | 22 | 23 | 24 | 25 | 26 | 27 | 28 | 29 | 30 | 31 | 32 | 33 | 34 | 35 |
|---|---|---|---|---|---|---|---|---|---|---|---|---|---|---|---|---|---|---|---|---|---|---|---|---|---|---|---|---|---|---|---|---|---|---|---|
| period/spotting | | | | | | | | | | | | | | | | | | | | | | | | | | | | | | | | | | | |
| cervical fluid type | | | | | | | | | | | | | | | | | | | | | | | | | | | | | | | | | | | |
| saliva ovulation | | | | | | | | | | | | | | | | | | | | | | | | | | | | | | | | | | | |
| urine ovulation | | | | | | | | | | | | | | | | | | | | | | | | | | | | | | | | | | | |

## Mark your chart as follows

Period/spotting: H-heavy M-medium L-light S-spotting        Saliva Ovulation: +/?/-

Cervical Fluid Type: W-watery D-dry S-sticky E-egg white        Urine Ovulation: +/?/-

Notes:

| | date | |
|---|---|---|
| | time | |

| Basal Body Temperature | C | F |
|---|---|---|
| | 37,7 | 99.0 |
| | 37,6 | 98.9 |
| | 37,5 | 98.8 |
| | 37,4 | 98.7 |
| | 37,3 | 98.6 |
| | 37,2 | 98.5 |
| | 37,1 | 98.4 |
| | 37,0 | 98.3 |
| | 36,9 | 98.2 |
| | 36,8 | 98.1 |
| | 36,7 | 98.0 |
| | 36,6 | 97.9 |
| | 36,5 | 97.8 |
| | 36,4 | 97.7 |
| | 36,3 | 97.6 |
| | 36,2 | 97.5 |
| | 36,1 | 97.4 |
| | 36,0 | 97.3 |
| | 35,9 | 97.2 |
| | 35,8 | 97.1 |
| | 35,7 | 97.0 |
| | 35,6 | 96.9 |
| | 35,5 | 96.8 |
| | 35,4 | 96.7 |

| cycle day | 1 | 2 | 3 | 4 | 5 | 6 | 7 | 8 | 9 | 10 | 11 | 12 | 13 | 14 | 15 | 16 | 17 | 18 | 19 | 20 | 21 | 22 | 23 | 24 | 25 | 26 | 27 | 28 | 29 | 30 | 31 | 32 | 33 | 34 | 35 |
|---|---|---|---|---|---|---|---|---|---|---|---|---|---|---|---|---|---|---|---|---|---|---|---|---|---|---|---|---|---|---|---|---|---|---|---|
| period/spotting | | | | | | | | | | | | | | | | | | | | | | | | | | | | | | | | | | | |
| cervical fluid type | | | | | | | | | | | | | | | | | | | | | | | | | | | | | | | | | | | |
| saliva ovulation | | | | | | | | | | | | | | | | | | | | | | | | | | | | | | | | | | | |
| urine ovulation | | | | | | | | | | | | | | | | | | | | | | | | | | | | | | | | | | | |

### Mark your chart as follows

Period/spotting: H-heavy M-medium L-light S-spotting    Saliva Ovulation: +/?/-

Cervical Fluid Type: W-watery D-dry S-sticky E-egg white    Urine Ovulation: +/?/-

Notes:

| | date | | | | | | | | | | | | | | | | | | | | | | | | | | | | | | | | | | |
|---|---|---|---|---|---|---|---|---|---|---|---|---|---|---|---|---|---|---|---|---|---|---|---|---|---|---|---|---|---|---|---|---|---|---|---|
| | time | | | | | | | | | | | | | | | | | | | | | | | | | | | | | | | | | | |

Basal Body Temperature

| C | F |
|---|---|
| 37,7 | 99.0 |
| 37,6 | 98.9 |
| 37,5 | 98.8 |
| 37,4 | 98.7 |
| 37,3 | 98.6 |
| 37,2 | 98.5 |
| 37,1 | 98.4 |
| 37,0 | 98.3 |
| 36,9 | 98.2 |
| 36,8 | 98.1 |
| 36,7 | 98.0 |
| 36,6 | 97.9 |
| 36,5 | 97.8 |
| 36,4 | 97.7 |
| 36,3 | 97.6 |
| 36,2 | 97.5 |
| 36,1 | 97.4 |
| 36,0 | 97.3 |
| 35,9 | 97.2 |
| 35,8 | 97.1 |
| 35,7 | 97.0 |
| 35,6 | 96.9 |
| 35,5 | 96.8 |
| 35,4 | 96.7 |

| cycle day | 1 | 2 | 3 | 4 | 5 | 6 | 7 | 8 | 9 | 10 | 11 | 12 | 13 | 14 | 15 | 16 | 17 | 18 | 19 | 20 | 21 | 22 | 23 | 24 | 25 | 26 | 27 | 28 | 29 | 30 | 31 | 32 | 33 | 34 | 35 |
|---|---|---|---|---|---|---|---|---|---|---|---|---|---|---|---|---|---|---|---|---|---|---|---|---|---|---|---|---|---|---|---|---|---|---|---|
| period/spotting | | | | | | | | | | | | | | | | | | | | | | | | | | | | | | | | | | | |
| cervical fluid type | | | | | | | | | | | | | | | | | | | | | | | | | | | | | | | | | | | |
| saliva ovulation | | | | | | | | | | | | | | | | | | | | | | | | | | | | | | | | | | | |
| urine ovulation | | | | | | | | | | | | | | | | | | | | | | | | | | | | | | | | | | | |

Mark your chart as follows

Period/spotting: H-heavy M-medium L-light S-spotting     Saliva Ovulation: +/?/-

Cervical Fluid Type: W-watery D-dry S-sticky E-egg white     Urine Ovulation: +/?/-

Notes:

| | date | | | | | | | | | | | | | | | | | | | | | | | | | | | | | | | | | | | |
|---|---|---|---|---|---|---|---|---|---|---|---|---|---|---|---|---|---|---|---|---|---|---|---|---|---|---|---|---|---|---|---|---|---|---|---|---|---|
| | time | | | | | | | | | | | | | | | | | | | | | | | | | | | | | | | | | | | | |

Basal Body Temperature

| C | F |
|---|---|
| 37,7 | 99.0 |
| 37,6 | 98.9 |
| 37,5 | 98.8 |
| 37,4 | 98.7 |
| 37,3 | 98.6 |
| 37,2 | 98.5 |
| 37,1 | 98.4 |
| 37,0 | 98.3 |
| 36,9 | 98.2 |
| 36,8 | 98.1 |
| 36,7 | 98.0 |
| 36,6 | 97.9 |
| 36,5 | 97.8 |
| 36,4 | 97.7 |
| 36,3 | 97.6 |
| 36,2 | 97.5 |
| 36,1 | 97.4 |
| 36,0 | 97.3 |
| 35,9 | 97.2 |
| 35,8 | 97.1 |
| 35,7 | 97.0 |
| 35,6 | 96.9 |
| 35,5 | 96.8 |
| 35,4 | 96.7 |

| cycle day | 1 | 2 | 3 | 4 | 5 | 6 | 7 | 8 | 9 | 10 | 11 | 12 | 13 | 14 | 15 | 16 | 17 | 18 | 19 | 20 | 21 | 22 | 23 | 24 | 25 | 26 | 27 | 28 | 29 | 30 | 31 | 32 | 33 | 34 | 35 |
|---|---|---|---|---|---|---|---|---|---|---|---|---|---|---|---|---|---|---|---|---|---|---|---|---|---|---|---|---|---|---|---|---|---|---|---|
| period/spotting | | | | | | | | | | | | | | | | | | | | | | | | | | | | | | | | | | | |
| cervical fluid type | | | | | | | | | | | | | | | | | | | | | | | | | | | | | | | | | | | |
| saliva ovulation | | | | | | | | | | | | | | | | | | | | | | | | | | | | | | | | | | | |
| urine ovulation | | | | | | | | | | | | | | | | | | | | | | | | | | | | | | | | | | | |

### Mark your chart as follows

Period/spotting: H-heavy M-medium L-light S-spotting   Saliva Ovulation: +/?/-

Cervical Fluid Type: W-watery D-dry S-sticky E-egg white   Urine Ovulation: +/?/-

Notes:

| date | | | | | | | | | | | | | | | | | | | | | | | | | | | | | | | | | | | | |
|---|---|---|---|---|---|---|---|---|---|---|---|---|---|---|---|---|---|---|---|---|---|---|---|---|---|---|---|---|---|---|---|---|---|---|---|---|
| time | | | | | | | | | | | | | | | | | | | | | | | | | | | | | | | | | | | | | |

Basal Body Temperature

| C | F |
|---|---|
| 37,7 | 99.0 |
| 37,6 | 98.9 |
| 37,5 | 98.8 |
| 37,4 | 98.7 |
| 37,3 | 98.6 |
| 37,2 | 98.5 |
| 37,1 | 98.4 |
| 37,0 | 98.3 |
| 36,9 | 98.2 |
| 36,8 | 98.1 |
| 36,7 | 98.0 |
| 36,6 | 97.9 |
| 36,5 | 97.8 |
| 36,4 | 97.7 |
| 36,3 | 97.6 |
| 36,2 | 97.5 |
| 36,1 | 97.4 |
| 36,0 | 97.3 |
| 35,9 | 97.2 |
| 35,8 | 97.1 |
| 35,7 | 97.0 |
| 35,6 | 96.9 |
| 35,5 | 96.8 |
| 35,4 | 96.7 |

| cycle day | 1 | 2 | 3 | 4 | 5 | 6 | 7 | 8 | 9 | 10 | 11 | 12 | 13 | 14 | 15 | 16 | 17 | 18 | 19 | 20 | 21 | 22 | 23 | 24 | 25 | 26 | 27 | 28 | 29 | 30 | 31 | 32 | 33 | 34 | 35 |
|---|---|---|---|---|---|---|---|---|---|---|---|---|---|---|---|---|---|---|---|---|---|---|---|---|---|---|---|---|---|---|---|---|---|---|---|
| period/spotting | | | | | | | | | | | | | | | | | | | | | | | | | | | | | | | | | | | |
| cervical fluid type | | | | | | | | | | | | | | | | | | | | | | | | | | | | | | | | | | | |
| saliva ovulation | | | | | | | | | | | | | | | | | | | | | | | | | | | | | | | | | | | |
| urine ovulation | | | | | | | | | | | | | | | | | | | | | | | | | | | | | | | | | | | |

Mark your chart as follows

Period/spotting: H-heavy M-medium L-light S-spotting     Saliva Ovulation: +/?/-

Cervical Fluid Type: W-watery D-dry S-sticky E-egg white     Urine Ovulation: +/?/-

Notes:

| date | | | | | | | | | | | | | | | | | | | | | | | | | | | | | | | | | | | | |
|---|---|---|---|---|---|---|---|---|---|---|---|---|---|---|---|---|---|---|---|---|---|---|---|---|---|---|---|---|---|---|---|---|---|---|---|---|
| **time** | | | | | | | | | | | | | | | | | | | | | | | | | | | | | | | | | | | | |

| | C | F | | | | | | | | | | | | | | | | | | | | | | | | | | | | | | | | | | | |
|---|---|---|---|---|---|---|---|---|---|---|---|---|---|---|---|---|---|---|---|---|---|---|---|---|---|---|---|---|---|---|---|---|---|---|---|---|---|
| | 37,7 | 99.0 | | | | | | | | | | | | | | | | | | | | | | | | | | | | | | | | | | | |
| | 37,6 | 98.9 | | | | | | | | | | | | | | | | | | | | | | | | | | | | | | | | | | | |
| | 37,5 | 98.8 | | | | | | | | | | | | | | | | | | | | | | | | | | | | | | | | | | | |
| | 37,4 | 98.7 | | | | | | | | | | | | | | | | | | | | | | | | | | | | | | | | | | | |
| | 37,3 | 98.6 | | | | | | | | | | | | | | | | | | | | | | | | | | | | | | | | | | | |
| | 37,2 | 98.5 | | | | | | | | | | | | | | | | | | | | | | | | | | | | | | | | | | | |
| | 37,1 | 98.4 | | | | | | | | | | | | | | | | | | | | | | | | | | | | | | | | | | | |
| | 37,0 | 98.3 | | | | | | | | | | | | | | | | | | | | | | | | | | | | | | | | | | | |
| | 36,9 | 98.2 | | | | | | | | | | | | | | | | | | | | | | | | | | | | | | | | | | | |
| | 36,8 | 98.1 | | | | | | | | | | | | | | | | | | | | | | | | | | | | | | | | | | | |
| | 36,7 | 98.0 | | | | | | | | | | | | | | | | | | | | | | | | | | | | | | | | | | | |
| | 36,6 | 97.9 | | | | | | | | | | | | | | | | | | | | | | | | | | | | | | | | | | | |
| | 36,5 | 97.8 | | | | | | | | | | | | | | | | | | | | | | | | | | | | | | | | | | | |
| | 36,4 | 97.7 | | | | | | | | | | | | | | | | | | | | | | | | | | | | | | | | | | | |
| | 36,3 | 97.6 | | | | | | | | | | | | | | | | | | | | | | | | | | | | | | | | | | | |
| | 36,2 | 97.5 | | | | | | | | | | | | | | | | | | | | | | | | | | | | | | | | | | | |
| | 36,1 | 97.4 | | | | | | | | | | | | | | | | | | | | | | | | | | | | | | | | | | | |
| | 36,0 | 97.3 | | | | | | | | | | | | | | | | | | | | | | | | | | | | | | | | | | | |
| | 35,9 | 97.2 | | | | | | | | | | | | | | | | | | | | | | | | | | | | | | | | | | | |
| | 35,8 | 97.1 | | | | | | | | | | | | | | | | | | | | | | | | | | | | | | | | | | | |
| | 35,7 | 97.0 | | | | | | | | | | | | | | | | | | | | | | | | | | | | | | | | | | | |
| | 35,6 | 96.9 | | | | | | | | | | | | | | | | | | | | | | | | | | | | | | | | | | | |
| | 35,5 | 96.8 | | | | | | | | | | | | | | | | | | | | | | | | | | | | | | | | | | | |
| | 35,4 | 96.7 | | | | | | | | | | | | | | | | | | | | | | | | | | | | | | | | | | | |

*Basal Body Temperature* (vertical axis label)

| cycle day | 1 | 2 | 3 | 4 | 5 | 6 | 7 | 8 | 9 | 10 | 11 | 12 | 13 | 14 | 15 | 16 | 17 | 18 | 19 | 20 | 21 | 22 | 23 | 24 | 25 | 26 | 27 | 28 | 29 | 30 | 31 | 32 | 33 | 34 | 35 |
|---|---|---|---|---|---|---|---|---|---|---|---|---|---|---|---|---|---|---|---|---|---|---|---|---|---|---|---|---|---|---|---|---|---|---|---|
| period/spotting | | | | | | | | | | | | | | | | | | | | | | | | | | | | | | | | | | | |
| cervical fluid type | | | | | | | | | | | | | | | | | | | | | | | | | | | | | | | | | | | |
| saliva ovulation | | | | | | | | | | | | | | | | | | | | | | | | | | | | | | | | | | | |
| urine ovulation | | | | | | | | | | | | | | | | | | | | | | | | | | | | | | | | | | | |

## Mark your chart as follows

Period/spotting: H-heavy M-medium L-light S-spotting        Saliva Ovulation: +/?/-

Cervical Fluid Type: W-watery D-dry S-sticky E-egg white        Urine Ovulation: +/?/-

Notes:

| | date | | | | | | | | | | | | | | | | | | | | | | | | | | | | | | | | | | | |
|---|---|---|---|---|---|---|---|---|---|---|---|---|---|---|---|---|---|---|---|---|---|---|---|---|---|---|---|---|---|---|---|---|---|---|---|---|---|
| | time | | | | | | | | | | | | | | | | | | | | | | | | | | | | | | | | | | | |

| | C | F |
|---|---|---|
| | 37,7 | 99.0 |
| | 37,6 | 98.9 |
| | 37,5 | 98.8 |
| | 37,4 | 98.7 |
| | 37,3 | 98.6 |
| | 37,2 | 98.5 |
| | 37,1 | 98.4 |
| | 37,0 | 98.3 |
| | 36,9 | 98.2 |
| | 36,8 | 98.1 |
| Basal Body Temperature | 36,7 | 98.0 |
| | 36,6 | 97.9 |
| | 36,5 | 97.8 |
| | 36,4 | 97.7 |
| | 36,3 | 97.6 |
| | 36,2 | 97.5 |
| | 36,1 | 97.4 |
| | 36,0 | 97.3 |
| | 35,9 | 97.2 |
| | 35,8 | 97.1 |
| | 35,7 | 97.0 |
| | 35,6 | 96.9 |
| | 35,5 | 96.8 |
| | 35,4 | 96.7 |

| cycle day | 1 | 2 | 3 | 4 | 5 | 6 | 7 | 8 | 9 | 10 | 11 | 12 | 13 | 14 | 15 | 16 | 17 | 18 | 19 | 20 | 21 | 22 | 23 | 24 | 25 | 26 | 27 | 28 | 29 | 30 | 31 | 32 | 33 | 34 | 35 |
|---|---|---|---|---|---|---|---|---|---|---|---|---|---|---|---|---|---|---|---|---|---|---|---|---|---|---|---|---|---|---|---|---|---|---|---|
| period/spotting | | | | | | | | | | | | | | | | | | | | | | | | | | | | | | | | | | | |
| cervical fluid type | | | | | | | | | | | | | | | | | | | | | | | | | | | | | | | | | | | |
| saliva ovulation | | | | | | | | | | | | | | | | | | | | | | | | | | | | | | | | | | | |
| urine ovulation | | | | | | | | | | | | | | | | | | | | | | | | | | | | | | | | | | | |

## Mark your chart as follows

Period/spotting: H-heavy M-medium L-light S-spotting     Saliva Ovulation: +/?/-

Cervical Fluid Type: W-watery D-dry S-sticky E-egg white     Urine Ovulation: +/?/-

Notes:

| | date | | | | | | | | | | | | | | | | | | | | | | | | | | | | | | | | | | | |
|---|---|---|---|---|---|---|---|---|---|---|---|---|---|---|---|---|---|---|---|---|---|---|---|---|---|---|---|---|---|---|---|---|---|---|---|---|---|
| | time | | | | | | | | | | | | | | | | | | | | | | | | | | | | | | | | | | | | |

| | C | F |
|---|---|---|
| | 37,7 | 99.0 |
| | 37,6 | 98.9 |
| | 37,5 | 98.8 |
| | 37,4 | 98.7 |
| | 37,3 | 98.6 |
| | 37,2 | 98.5 |
| | 37,1 | 98.4 |
| | 37,0 | 98.3 |
| | 36,9 | 98.2 |
| | 36,8 | 98.1 |
| Basal Body Temperature | 36,7 | 98.0 |
| | 36,6 | 97.9 |
| | 36,5 | 97.8 |
| | 36,4 | 97.7 |
| | 36,3 | 97.6 |
| | 36,2 | 97.5 |
| | 36,1 | 97.4 |
| | 36,0 | 97.3 |
| | 35,9 | 97.2 |
| | 35,8 | 97.1 |
| | 35,7 | 97.0 |
| | 35,6 | 96.9 |
| | 35,5 | 96.8 |
| | 35,4 | 96.7 |

| cycle day | 1 | 2 | 3 | 4 | 5 | 6 | 7 | 8 | 9 | 10 | 11 | 12 | 13 | 14 | 15 | 16 | 17 | 18 | 19 | 20 | 21 | 22 | 23 | 24 | 25 | 26 | 27 | 28 | 29 | 30 | 31 | 32 | 33 | 34 | 35 |
|---|---|---|---|---|---|---|---|---|---|---|---|---|---|---|---|---|---|---|---|---|---|---|---|---|---|---|---|---|---|---|---|---|---|---|---|
| period/spotting | | | | | | | | | | | | | | | | | | | | | | | | | | | | | | | | | | | |
| cervical fluid type | | | | | | | | | | | | | | | | | | | | | | | | | | | | | | | | | | | |
| saliva ovulation | | | | | | | | | | | | | | | | | | | | | | | | | | | | | | | | | | | |
| urine ovulation | | | | | | | | | | | | | | | | | | | | | | | | | | | | | | | | | | | |

### Mark your chart as follows

Period/spotting: H-heavy M-medium L-light S-spotting          Saliva Ovulation: +/?/-

Cervical Fluid Type: W-watery D-dry S-sticky E-egg white       Urine Ovulation: +/?/-

Notes:

| | | date | | | | | | | | | | | | | | | | | | | | | | | | | | | | | | | | | | |
|---|---|---|---|---|---|---|---|---|---|---|---|---|---|---|---|---|---|---|---|---|---|---|---|---|---|---|---|---|---|---|---|---|---|---|---|---|---|
| | | time | | | | | | | | | | | | | | | | | | | | | | | | | | | | | | | | | | | |
| Basal Body Temperature | | C | F | | | | | | | | | | | | | | | | | | | | | | | | | | | | | | | | | | |
| | | 37,7 | 99.0 | | | | | | | | | | | | | | | | | | | | | | | | | | | | | | | | | | |
| | | 37,6 | 98.9 | | | | | | | | | | | | | | | | | | | | | | | | | | | | | | | | | | |
| | | 37,5 | 98.8 | | | | | | | | | | | | | | | | | | | | | | | | | | | | | | | | | | |
| | | 37,4 | 98.7 | | | | | | | | | | | | | | | | | | | | | | | | | | | | | | | | | | |
| | | 37,3 | 98.6 | | | | | | | | | | | | | | | | | | | | | | | | | | | | | | | | | | |
| | | 37,2 | 98.5 | | | | | | | | | | | | | | | | | | | | | | | | | | | | | | | | | | |
| | | 37,1 | 98.4 | | | | | | | | | | | | | | | | | | | | | | | | | | | | | | | | | | |
| | | 37,0 | 98.3 | | | | | | | | | | | | | | | | | | | | | | | | | | | | | | | | | | |
| | | 36,9 | 98.2 | | | | | | | | | | | | | | | | | | | | | | | | | | | | | | | | | | |
| | | 36,8 | 98.1 | | | | | | | | | | | | | | | | | | | | | | | | | | | | | | | | | | |
| | | 36,7 | 98.0 | | | | | | | | | | | | | | | | | | | | | | | | | | | | | | | | | | |
| | | 36,6 | 97.9 | | | | | | | | | | | | | | | | | | | | | | | | | | | | | | | | | | |
| | | 36,5 | 97.8 | | | | | | | | | | | | | | | | | | | | | | | | | | | | | | | | | | |
| | | 36,4 | 97.7 | | | | | | | | | | | | | | | | | | | | | | | | | | | | | | | | | | |
| | | 36,3 | 97.6 | | | | | | | | | | | | | | | | | | | | | | | | | | | | | | | | | | |
| | | 36,2 | 97.5 | | | | | | | | | | | | | | | | | | | | | | | | | | | | | | | | | | |
| | | 36,1 | 97.4 | | | | | | | | | | | | | | | | | | | | | | | | | | | | | | | | | | |
| | | 36,0 | 97.3 | | | | | | | | | | | | | | | | | | | | | | | | | | | | | | | | | | |
| | | 35,9 | 97.2 | | | | | | | | | | | | | | | | | | | | | | | | | | | | | | | | | | |
| | | 35,8 | 97.1 | | | | | | | | | | | | | | | | | | | | | | | | | | | | | | | | | | |
| | | 35,7 | 97.0 | | | | | | | | | | | | | | | | | | | | | | | | | | | | | | | | | | |
| | | 35,6 | 96.9 | | | | | | | | | | | | | | | | | | | | | | | | | | | | | | | | | | |
| | | 35,5 | 96.8 | | | | | | | | | | | | | | | | | | | | | | | | | | | | | | | | | | |
| | | 35,4 | 96.7 | | | | | | | | | | | | | | | | | | | | | | | | | | | | | | | | | | |

| cycle day | 1 | 2 | 3 | 4 | 5 | 6 | 7 | 8 | 9 | 10 | 11 | 12 | 13 | 14 | 15 | 16 | 17 | 18 | 19 | 20 | 21 | 22 | 23 | 24 | 25 | 26 | 27 | 28 | 29 | 30 | 31 | 32 | 33 | 34 | 35 |
|---|---|---|---|---|---|---|---|---|---|---|---|---|---|---|---|---|---|---|---|---|---|---|---|---|---|---|---|---|---|---|---|---|---|---|---|
| period/spotting | | | | | | | | | | | | | | | | | | | | | | | | | | | | | | | | | | | |
| cervical fluid type | | | | | | | | | | | | | | | | | | | | | | | | | | | | | | | | | | | |
| saliva ovulation | | | | | | | | | | | | | | | | | | | | | | | | | | | | | | | | | | | |
| urine ovulation | | | | | | | | | | | | | | | | | | | | | | | | | | | | | | | | | | | |

Mark your chart as follows

Period/spotting: H-heavy M-medium L-light S-spotting    Saliva Ovulation: +/?/-

Cervical Fluid Type: W-watery D-dry S-sticky E-egg white    Urine Ovulation: +/?/-

Notes:

| | date | |
| --- | --- | --- |
| | time | |

**Basal Body Temperature**

| C | F |
| --- | --- |
| 37,7 | 99.0 |
| 37,6 | 98.9 |
| 37,5 | 98.8 |
| 37,4 | 98.7 |
| 37,3 | 98.6 |
| 37,2 | 98.5 |
| 37,1 | 98.4 |
| 37,0 | 98.3 |
| 36,9 | 98.2 |
| 36,8 | 98.1 |
| 36,7 | 98.0 |
| 36,6 | 97.9 |
| 36,5 | 97.8 |
| 36,4 | 97.7 |
| 36,3 | 97.6 |
| 36,2 | 97.5 |
| 36,1 | 97.4 |
| 36,0 | 97.3 |
| 35,9 | 97.2 |
| 35,8 | 97.1 |
| 35,7 | 97.0 |
| 35,6 | 96.9 |
| 35,5 | 96.8 |
| 35,4 | 96.7 |

| cycle day | 1 | 2 | 3 | 4 | 5 | 6 | 7 | 8 | 9 | 10 | 11 | 12 | 13 | 14 | 15 | 16 | 17 | 18 | 19 | 20 | 21 | 22 | 23 | 24 | 25 | 26 | 27 | 28 | 29 | 30 | 31 | 32 | 33 | 34 | 35 |
| --- | --- | --- | --- | --- | --- | --- | --- | --- | --- | --- | --- | --- | --- | --- | --- | --- | --- | --- | --- | --- | --- | --- | --- | --- | --- | --- | --- | --- | --- | --- | --- | --- | --- | --- | --- |
| period/spotting | | | | | | | | | | | | | | | | | | | | | | | | | | | | | | | | | | | |
| cervical fluid type | | | | | | | | | | | | | | | | | | | | | | | | | | | | | | | | | | | |
| saliva ovulation | | | | | | | | | | | | | | | | | | | | | | | | | | | | | | | | | | | |
| urine ovulation | | | | | | | | | | | | | | | | | | | | | | | | | | | | | | | | | | | |

**Mark your chart as follows**

Period/spotting: H-heavy M-medium L-light S-spotting   Saliva Ovulation: +/?/-

Cervical Fluid Type: W-watery D-dry S-sticky E-egg white   Urine Ovulation: +/?/-

Notes:

| | date | | | | | | | | | | | | | | | | | | | | | | | | | | | | | | | | | | | |
|---|---|---|---|---|---|---|---|---|---|---|---|---|---|---|---|---|---|---|---|---|---|---|---|---|---|---|---|---|---|---|---|---|---|---|---|---|
| | time | | | | | | | | | | | | | | | | | | | | | | | | | | | | | | | | | | | |

| | C | F |
|---|---|---|
| | 37,7 | 99.0 |
| | 37,6 | 98.9 |
| | 37,5 | 98.8 |
| | 37,4 | 98.7 |
| | 37,3 | 98.6 |
| | 37,2 | 98.5 |
| | 37,1 | 98.4 |
| | 37,0 | 98.3 |
| | 36,9 | 98.2 |
| | 36,8 | 98.1 |
| | 36,7 | 98.0 |
| | 36,6 | 97.9 |
| | 36,5 | 97.8 |
| | 36,4 | 97.7 |
| | 36,3 | 97.6 |
| | 36,2 | 97.5 |
| | 36,1 | 97.4 |
| | 36,0 | 97.3 |
| | 35,9 | 97.2 |
| | 35,8 | 97.1 |
| | 35,7 | 97.0 |
| | 35,6 | 96.9 |
| | 35,5 | 96.8 |
| | 35,4 | 96.7 |

Basal Body Temperature

| cycle day | 1 | 2 | 3 | 4 | 5 | 6 | 7 | 8 | 9 | 10 | 11 | 12 | 13 | 14 | 15 | 16 | 17 | 18 | 19 | 20 | 21 | 22 | 23 | 24 | 25 | 26 | 27 | 28 | 29 | 30 | 31 | 32 | 33 | 34 | 35 |
|---|---|---|---|---|---|---|---|---|---|---|---|---|---|---|---|---|---|---|---|---|---|---|---|---|---|---|---|---|---|---|---|---|---|---|---|
| period/spotting | | | | | | | | | | | | | | | | | | | | | | | | | | | | | | | | | | | |
| cervical fluid type | | | | | | | | | | | | | | | | | | | | | | | | | | | | | | | | | | | |
| saliva ovulation | | | | | | | | | | | | | | | | | | | | | | | | | | | | | | | | | | | |
| urine ovulation | | | | | | | | | | | | | | | | | | | | | | | | | | | | | | | | | | | |

Mark your chart as follows

Period/spotting: H-heavy M-medium L-light S-spotting    Saliva Ovulation: +/?/-

Cervical Fluid Type: W-watery D-dry S-sticky E-egg white    Urine Ovulation: +/?/-

Notes:

| | date | | | | | | | | | | | | | | | | | | | | | | | | | | | | | | | | | | | |
|---|---|---|---|---|---|---|---|---|---|---|---|---|---|---|---|---|---|---|---|---|---|---|---|---|---|---|---|---|---|---|---|---|---|---|---|---|---|
| | time | | | | | | | | | | | | | | | | | | | | | | | | | | | | | | | | | | | |

**Basal Body Temperature**

| C | F |
|---|---|
| 37,7 | 99.0 |
| 37,6 | 98.9 |
| 37,5 | 98.8 |
| 37,4 | 98.7 |
| 37,3 | 98.6 |
| 37,2 | 98.5 |
| 37,1 | 98.4 |
| 37,0 | 98.3 |
| 36,9 | 98.2 |
| 36,8 | 98.1 |
| 36,7 | 98.0 |
| 36,6 | 97.9 |
| 36,5 | 97.8 |
| 36,4 | 97.7 |
| 36,3 | 97.6 |
| 36,2 | 97.5 |
| 36,1 | 97.4 |
| 36,0 | 97.3 |
| 35,9 | 97.2 |
| 35,8 | 97.1 |
| 35,7 | 97.0 |
| 35,6 | 96.9 |
| 35,5 | 96.8 |
| 35,4 | 96.7 |

| cycle day | 1 | 2 | 3 | 4 | 5 | 6 | 7 | 8 | 9 | 10 | 11 | 12 | 13 | 14 | 15 | 16 | 17 | 18 | 19 | 20 | 21 | 22 | 23 | 24 | 25 | 26 | 27 | 28 | 29 | 30 | 31 | 32 | 33 | 34 | 35 |
|---|---|---|---|---|---|---|---|---|---|---|---|---|---|---|---|---|---|---|---|---|---|---|---|---|---|---|---|---|---|---|---|---|---|---|---|
| period/spotting | | | | | | | | | | | | | | | | | | | | | | | | | | | | | | | | | | | |
| cervical fluid type | | | | | | | | | | | | | | | | | | | | | | | | | | | | | | | | | | | |
| saliva ovulation | | | | | | | | | | | | | | | | | | | | | | | | | | | | | | | | | | | |
| urine ovulation | | | | | | | | | | | | | | | | | | | | | | | | | | | | | | | | | | | |

**Mark your chart as follows**

Period/spotting: H-heavy M-medium L-light S-spotting        Saliva Ovulation: +/?/-

Cervical Fluid Type: W-watery D-dry S-sticky E-egg white     Urine Ovulation: +/?/-

Notes:

| | date | | | | | | | | | | | | | | | | | | | | | | | | | | | | | | | | | | | | | |
|---|---|---|---|---|---|---|---|---|---|---|---|---|---|---|---|---|---|---|---|---|---|---|---|---|---|---|---|---|---|---|---|---|---|---|---|---|---|---|
| | time | | | | | | | | | | | | | | | | | | | | | | | | | | | | | | | | | | | | | |
| | C | F | | | | | | | | | | | | | | | | | | | | | | | | | | | | | | | | | | | | |
| **Basal Body Temperature** | 37,7 | 99.0 | | | | | | | | | | | | | | | | | | | | | | | | | | | | | | | | | | |
| | 37,6 | 98.9 | | | | | | | | | | | | | | | | | | | | | | | | | | | | | | | | | | |
| | 37,5 | 98.8 | | | | | | | | | | | | | | | | | | | | | | | | | | | | | | | | | | |
| | 37,4 | 98.7 | | | | | | | | | | | | | | | | | | | | | | | | | | | | | | | | | | |
| | 37,3 | 98.6 | | | | | | | | | | | | | | | | | | | | | | | | | | | | | | | | | | |
| | 37,2 | 98.5 | | | | | | | | | | | | | | | | | | | | | | | | | | | | | | | | | | |
| | 37,1 | 98.4 | | | | | | | | | | | | | | | | | | | | | | | | | | | | | | | | | | |
| | 37,0 | 98.3 | | | | | | | | | | | | | | | | | | | | | | | | | | | | | | | | | | |
| | 36,9 | 98.2 | | | | | | | | | | | | | | | | | | | | | | | | | | | | | | | | | | |
| | 36,8 | 98.1 | | | | | | | | | | | | | | | | | | | | | | | | | | | | | | | | | | |
| | 36,7 | 98.0 | | | | | | | | | | | | | | | | | | | | | | | | | | | | | | | | | | |
| | 36,6 | 97.9 | | | | | | | | | | | | | | | | | | | | | | | | | | | | | | | | | | |
| | 36,5 | 97.8 | | | | | | | | | | | | | | | | | | | | | | | | | | | | | | | | | | |
| | 36,4 | 97.7 | | | | | | | | | | | | | | | | | | | | | | | | | | | | | | | | | | |
| | 36,3 | 97.6 | | | | | | | | | | | | | | | | | | | | | | | | | | | | | | | | | | |
| | 36,2 | 97.5 | | | | | | | | | | | | | | | | | | | | | | | | | | | | | | | | | | |
| | 36,1 | 97.4 | | | | | | | | | | | | | | | | | | | | | | | | | | | | | | | | | | |
| | 36,0 | 97.3 | | | | | | | | | | | | | | | | | | | | | | | | | | | | | | | | | | |
| | 35,9 | 97.2 | | | | | | | | | | | | | | | | | | | | | | | | | | | | | | | | | | |
| | 35,8 | 97.1 | | | | | | | | | | | | | | | | | | | | | | | | | | | | | | | | | | |
| | 35,7 | 97.0 | | | | | | | | | | | | | | | | | | | | | | | | | | | | | | | | | | |
| | 35,6 | 96.9 | | | | | | | | | | | | | | | | | | | | | | | | | | | | | | | | | | |
| | 35,5 | 96.8 | | | | | | | | | | | | | | | | | | | | | | | | | | | | | | | | | | |
| | 35,4 | 96.7 | | | | | | | | | | | | | | | | | | | | | | | | | | | | | | | | | | |

| cycle day | 1 | 2 | 3 | 4 | 5 | 6 | 7 | 8 | 9 | 10 | 11 | 12 | 13 | 14 | 15 | 16 | 17 | 18 | 19 | 20 | 21 | 22 | 23 | 24 | 25 | 26 | 27 | 28 | 29 | 30 | 31 | 32 | 33 | 34 | 35 |
|---|---|---|---|---|---|---|---|---|---|---|---|---|---|---|---|---|---|---|---|---|---|---|---|---|---|---|---|---|---|---|---|---|---|---|---|
| period/spotting | | | | | | | | | | | | | | | | | | | | | | | | | | | | | | | | | | | |
| cervical fluid type | | | | | | | | | | | | | | | | | | | | | | | | | | | | | | | | | | | |
| saliva ovulation | | | | | | | | | | | | | | | | | | | | | | | | | | | | | | | | | | | |
| urine ovulation | | | | | | | | | | | | | | | | | | | | | | | | | | | | | | | | | | | |

### Mark your chart as follows

Period/spotting: H-heavy M-medium L-light S-spotting     Saliva Ovulation: +/?/-

Cervical Fluid Type: W-watery D-dry S-sticky E-egg white     Urine Ovulation: +/?/-

Notes:

| | date | | | | | | | | | | | | | | | | | | | | | | | | | | | | | | | | | | | |
|---|---|---|---|---|---|---|---|---|---|---|---|---|---|---|---|---|---|---|---|---|---|---|---|---|---|---|---|---|---|---|---|---|---|---|---|---|
| | time | | | | | | | | | | | | | | | | | | | | | | | | | | | | | | | | | | | |

**Basal Body Temperature**

| C | F |
|---|---|
| 37,7 | 99.0 |
| 37,6 | 98.9 |
| 37,5 | 98.8 |
| 37,4 | 98.7 |
| 37,3 | 98.6 |
| 37,2 | 98.5 |
| 37,1 | 98.4 |
| 37,0 | 98.3 |
| 36,9 | 98.2 |
| 36,8 | 98.1 |
| 36,7 | 98.0 |
| 36,6 | 97.9 |
| 36,5 | 97.8 |
| 36,4 | 97.7 |
| 36,3 | 97.6 |
| 36,2 | 97.5 |
| 36,1 | 97.4 |
| 36,0 | 97.3 |
| 35,9 | 97.2 |
| 35,8 | 97.1 |
| 35,7 | 97.0 |
| 35,6 | 96.9 |
| 35,5 | 96.8 |
| 35,4 | 96.7 |

| cycle day | 1 | 2 | 3 | 4 | 5 | 6 | 7 | 8 | 9 | 10 | 11 | 12 | 13 | 14 | 15 | 16 | 17 | 18 | 19 | 20 | 21 | 22 | 23 | 24 | 25 | 26 | 27 | 28 | 29 | 30 | 31 | 32 | 33 | 34 | 35 |
|---|---|---|---|---|---|---|---|---|---|---|---|---|---|---|---|---|---|---|---|---|---|---|---|---|---|---|---|---|---|---|---|---|---|---|---|
| period/spotting | | | | | | | | | | | | | | | | | | | | | | | | | | | | | | | | | | | |
| cervical fluid type | | | | | | | | | | | | | | | | | | | | | | | | | | | | | | | | | | | |
| saliva ovulation | | | | | | | | | | | | | | | | | | | | | | | | | | | | | | | | | | | |
| urine ovulation | | | | | | | | | | | | | | | | | | | | | | | | | | | | | | | | | | | |

## Mark your chart as follows

Period/spotting: H-heavy M-medium L-light S-spotting          Saliva Ovulation: +/?/-

Cervical Fluid Type: W-watery D-dry S-sticky E-egg white          Urine Ovulation: +/?/-

Notes:

| | date | | | | | | | | | | | | | | | | | | | | | | | | | | | | | | | | | | |
|---|---|---|---|---|---|---|---|---|---|---|---|---|---|---|---|---|---|---|---|---|---|---|---|---|---|---|---|---|---|---|---|---|---|---|---|---|
| | time | | | | | | | | | | | | | | | | | | | | | | | | | | | | | | | | | | | |
| | C | F | | | | | | | | | | | | | | | | | | | | | | | | | | | | | | | | | | |
| | 37,7 | 99.0 | | | | | | | | | | | | | | | | | | | | | | | | | | | | | | | | | | |
| | 37,6 | 98.9 | | | | | | | | | | | | | | | | | | | | | | | | | | | | | | | | | | |
| | 37,5 | 98.8 | | | | | | | | | | | | | | | | | | | | | | | | | | | | | | | | | | |
| | 37,4 | 98.7 | | | | | | | | | | | | | | | | | | | | | | | | | | | | | | | | | | |
| | 37,3 | 98.6 | | | | | | | | | | | | | | | | | | | | | | | | | | | | | | | | | | |
| | 37,2 | 98.5 | | | | | | | | | | | | | | | | | | | | | | | | | | | | | | | | | | |
| | 37,1 | 98.4 | | | | | | | | | | | | | | | | | | | | | | | | | | | | | | | | | | |
| | 37,0 | 98.3 | | | | | | | | | | | | | | | | | | | | | | | | | | | | | | | | | | |
| | 36,9 | 98.2 | | | | | | | | | | | | | | | | | | | | | | | | | | | | | | | | | | |
| | 36,8 | 98.1 | | | | | | | | | | | | | | | | | | | | | | | | | | | | | | | | | | |
| | 36,7 | 98.0 | | | | | | | | | | | | | | | | | | | | | | | | | | | | | | | | | | |
| | 36,6 | 97.9 | | | | | | | | | | | | | | | | | | | | | | | | | | | | | | | | | | |
| | 36,5 | 97.8 | | | | | | | | | | | | | | | | | | | | | | | | | | | | | | | | | | |
| | 36,4 | 97.7 | | | | | | | | | | | | | | | | | | | | | | | | | | | | | | | | | | |
| | 36,3 | 97.6 | | | | | | | | | | | | | | | | | | | | | | | | | | | | | | | | | | |
| | 36,2 | 97.5 | | | | | | | | | | | | | | | | | | | | | | | | | | | | | | | | | | |
| | 36,1 | 97.4 | | | | | | | | | | | | | | | | | | | | | | | | | | | | | | | | | | |
| | 36,0 | 97.3 | | | | | | | | | | | | | | | | | | | | | | | | | | | | | | | | | | |
| | 35,9 | 97.2 | | | | | | | | | | | | | | | | | | | | | | | | | | | | | | | | | | |
| | 35,8 | 97.1 | | | | | | | | | | | | | | | | | | | | | | | | | | | | | | | | | | |
| | 35,7 | 97.0 | | | | | | | | | | | | | | | | | | | | | | | | | | | | | | | | | | |
| | 35,6 | 96.9 | | | | | | | | | | | | | | | | | | | | | | | | | | | | | | | | | | |
| | 35,5 | 96.8 | | | | | | | | | | | | | | | | | | | | | | | | | | | | | | | | | | |
| | 35,4 | 96.7 | | | | | | | | | | | | | | | | | | | | | | | | | | | | | | | | | | |

(Left vertical label: Basal Body Temperature)

| cycle day | 1 | 2 | 3 | 4 | 5 | 6 | 7 | 8 | 9 | 10 | 11 | 12 | 13 | 14 | 15 | 16 | 17 | 18 | 19 | 20 | 21 | 22 | 23 | 24 | 25 | 26 | 27 | 28 | 29 | 30 | 31 | 32 | 33 | 34 | 35 |
|---|---|---|---|---|---|---|---|---|---|---|---|---|---|---|---|---|---|---|---|---|---|---|---|---|---|---|---|---|---|---|---|---|---|---|---|
| period/spotting | | | | | | | | | | | | | | | | | | | | | | | | | | | | | | | | | | | |
| cervical fluid type | | | | | | | | | | | | | | | | | | | | | | | | | | | | | | | | | | | |
| saliva ovulation | | | | | | | | | | | | | | | | | | | | | | | | | | | | | | | | | | | |
| urine ovulation | | | | | | | | | | | | | | | | | | | | | | | | | | | | | | | | | | | |

**Mark your chart as follows**

Period/spotting: H-heavy M-medium L-light S-spotting    Saliva Ovulation: +/?/-

Cervical Fluid Type: W-watery D-dry S-sticky E-egg white    Urine Ovulation: +/?/-

Notes:

| | date | | | | | | | | | | | | | | | | | | | | | | | | | | | | | | | | | | | |
|---|---|---|---|---|---|---|---|---|---|---|---|---|---|---|---|---|---|---|---|---|---|---|---|---|---|---|---|---|---|---|---|---|---|---|---|---|---|
| | time | | | | | | | | | | | | | | | | | | | | | | | | | | | | | | | | | | | | |

| | C | F | | | | | | | | | | | | | | | | | | | | | | | | | | | | | | | | | | | |
|---|---|---|---|---|---|---|---|---|---|---|---|---|---|---|---|---|---|---|---|---|---|---|---|---|---|---|---|---|---|---|---|---|---|---|---|---|---|
| | 37,7 | 99.0 | | | | | | | | | | | | | | | | | | | | | | | | | | | | | | | | | | | |
| | 37,6 | 98.9 | | | | | | | | | | | | | | | | | | | | | | | | | | | | | | | | | | | |
| | 37,5 | 98.8 | | | | | | | | | | | | | | | | | | | | | | | | | | | | | | | | | | | |
| | 37,4 | 98.7 | | | | | | | | | | | | | | | | | | | | | | | | | | | | | | | | | | | |
| | 37,3 | 98.6 | | | | | | | | | | | | | | | | | | | | | | | | | | | | | | | | | | | |
| | 37,2 | 98.5 | | | | | | | | | | | | | | | | | | | | | | | | | | | | | | | | | | | |
| | 37,1 | 98.4 | | | | | | | | | | | | | | | | | | | | | | | | | | | | | | | | | | | |
| | 37,0 | 98.3 | | | | | | | | | | | | | | | | | | | | | | | | | | | | | | | | | | | |
| | 36,9 | 98.2 | | | | | | | | | | | | | | | | | | | | | | | | | | | | | | | | | | | |
| | 36,8 | 98.1 | | | | | | | | | | | | | | | | | | | | | | | | | | | | | | | | | | | |
| | 36,7 | 98.0 | | | | | | | | | | | | | | | | | | | | | | | | | | | | | | | | | | | |
| Basal Body Temperature | 36,6 | 97.9 | | | | | | | | | | | | | | | | | | | | | | | | | | | | | | | | | | | |
| | 36,5 | 97.8 | | | | | | | | | | | | | | | | | | | | | | | | | | | | | | | | | | | |
| | 36,4 | 97.7 | | | | | | | | | | | | | | | | | | | | | | | | | | | | | | | | | | | |
| | 36,3 | 97.6 | | | | | | | | | | | | | | | | | | | | | | | | | | | | | | | | | | | |
| | 36,2 | 97.5 | | | | | | | | | | | | | | | | | | | | | | | | | | | | | | | | | | | |
| | 36,1 | 97.4 | | | | | | | | | | | | | | | | | | | | | | | | | | | | | | | | | | | |
| | 36,0 | 97.3 | | | | | | | | | | | | | | | | | | | | | | | | | | | | | | | | | | | |
| | 35,9 | 97.2 | | | | | | | | | | | | | | | | | | | | | | | | | | | | | | | | | | | |
| | 35,8 | 97.1 | | | | | | | | | | | | | | | | | | | | | | | | | | | | | | | | | | | |
| | 35,7 | 97.0 | | | | | | | | | | | | | | | | | | | | | | | | | | | | | | | | | | | |
| | 35,6 | 96.9 | | | | | | | | | | | | | | | | | | | | | | | | | | | | | | | | | | | |
| | 35,5 | 96.8 | | | | | | | | | | | | | | | | | | | | | | | | | | | | | | | | | | | |
| | 35,4 | 96.7 | | | | | | | | | | | | | | | | | | | | | | | | | | | | | | | | | | | |

| cycle day | 1 | 2 | 3 | 4 | 5 | 6 | 7 | 8 | 9 | 10 | 11 | 12 | 13 | 14 | 15 | 16 | 17 | 18 | 19 | 20 | 21 | 22 | 23 | 24 | 25 | 26 | 27 | 28 | 29 | 30 | 31 | 32 | 33 | 34 | 35 |
|---|---|---|---|---|---|---|---|---|---|---|---|---|---|---|---|---|---|---|---|---|---|---|---|---|---|---|---|---|---|---|---|---|---|---|---|
| period/spotting | | | | | | | | | | | | | | | | | | | | | | | | | | | | | | | | | | | |
| cervical fluid type | | | | | | | | | | | | | | | | | | | | | | | | | | | | | | | | | | | |
| saliva ovulation | | | | | | | | | | | | | | | | | | | | | | | | | | | | | | | | | | | |
| urine ovulation | | | | | | | | | | | | | | | | | | | | | | | | | | | | | | | | | | | |

### Mark your chart as follows

Period/spotting: H-heavy M-medium L-light S-spotting     Saliva Ovulation: +/?/-

Cervical Fluid Type: W-watery D-dry S-sticky E-egg white     Urine Ovulation: +/?/-

Notes:

| | | date | | | | | | | | | | | | | | | | | | | | | | | | | | | | | | | | | | |
|---|---|---|---|---|---|---|---|---|---|---|---|---|---|---|---|---|---|---|---|---|---|---|---|---|---|---|---|---|---|---|---|---|---|---|---|---|
| | | time | | | | | | | | | | | | | | | | | | | | | | | | | | | | | | | | | | |

**Basal Body Temperature**

| C | F |
|---|---|
| 37,7 | 99.0 |
| 37,6 | 98.9 |
| 37,5 | 98.8 |
| 37,4 | 98.7 |
| 37,3 | 98.6 |
| 37,2 | 98.5 |
| 37,1 | 98.4 |
| 37,0 | 98.3 |
| 36,9 | 98.2 |
| 36,8 | 98.1 |
| 36,7 | 98.0 |
| 36,6 | 97.9 |
| 36,5 | 97.8 |
| 36,4 | 97.7 |
| 36,3 | 97.6 |
| 36,2 | 97.5 |
| 36,1 | 97.4 |
| 36,0 | 97.3 |
| 35,9 | 97.2 |
| 35,8 | 97.1 |
| 35,7 | 97.0 |
| 35,6 | 96.9 |
| 35,5 | 96.8 |
| 35,4 | 96.7 |

| cycle day | 1 | 2 | 3 | 4 | 5 | 6 | 7 | 8 | 9 | 10 | 11 | 12 | 13 | 14 | 15 | 16 | 17 | 18 | 19 | 20 | 21 | 22 | 23 | 24 | 25 | 26 | 27 | 28 | 29 | 30 | 31 | 32 | 33 | 34 | 35 |
|---|---|---|---|---|---|---|---|---|---|---|---|---|---|---|---|---|---|---|---|---|---|---|---|---|---|---|---|---|---|---|---|---|---|---|---|
| period/spotting | | | | | | | | | | | | | | | | | | | | | | | | | | | | | | | | | | | |
| cervical fluid type | | | | | | | | | | | | | | | | | | | | | | | | | | | | | | | | | | | |
| saliva ovulation | | | | | | | | | | | | | | | | | | | | | | | | | | | | | | | | | | | |
| urine ovulation | | | | | | | | | | | | | | | | | | | | | | | | | | | | | | | | | | | |

### Mark your chart as follows

Period/spotting: H-heavy M-medium L-light S-spotting     Saliva Ovulation: +/?/-

Cervical Fluid Type: W-watery D-dry S-sticky E-egg white     Urine Ovulation: +/?/-

Notes:

|  | date |
|---|---|
|  | time |

| Basal Body Temperature | C | F |
|---|---|---|
|  | 37,7 | 99.0 |
|  | 37,6 | 98.9 |
|  | 37,5 | 98.8 |
|  | 37,4 | 98.7 |
|  | 37,3 | 98.6 |
|  | 37,2 | 98.5 |
|  | 37,1 | 98.4 |
|  | 37,0 | 98.3 |
|  | 36,9 | 98.2 |
|  | 36,8 | 98.1 |
|  | 36,7 | 98.0 |
|  | 36,6 | 97.9 |
|  | 36,5 | 97.8 |
|  | 36,4 | 97.7 |
|  | 36,3 | 97.6 |
|  | 36,2 | 97.5 |
|  | 36,1 | 97.4 |
|  | 36,0 | 97.3 |
|  | 35,9 | 97.2 |
|  | 35,8 | 97.1 |
|  | 35,7 | 97.0 |
|  | 35,6 | 96.9 |
|  | 35,5 | 96.8 |
|  | 35,4 | 96.7 |

| cycle day | 1 | 2 | 3 | 4 | 5 | 6 | 7 | 8 | 9 | 10 | 11 | 12 | 13 | 14 | 15 | 16 | 17 | 18 | 19 | 20 | 21 | 22 | 23 | 24 | 25 | 26 | 27 | 28 | 29 | 30 | 31 | 32 | 33 | 34 | 35 |
|---|---|---|---|---|---|---|---|---|---|---|---|---|---|---|---|---|---|---|---|---|---|---|---|---|---|---|---|---|---|---|---|---|---|---|---|
| period/spotting | | | | | | | | | | | | | | | | | | | | | | | | | | | | | | | | | | | |
| cervical fluid type | | | | | | | | | | | | | | | | | | | | | | | | | | | | | | | | | | | |
| saliva ovulation | | | | | | | | | | | | | | | | | | | | | | | | | | | | | | | | | | | |
| urine ovulation | | | | | | | | | | | | | | | | | | | | | | | | | | | | | | | | | | | |

**Mark your chart as follows**

Period/spotting: H-heavy M-medium L-light S-spotting    Saliva Ovulation: +/?/-

Cervical Fluid Type: W-watery D-dry S-sticky E-egg white    Urine Ovulation: +/?/-

Notes:

| date | | | | | | | | | | | | | | | | | | | | | | | | | | | | | | | | | | | | |
|---|---|---|---|---|---|---|---|---|---|---|---|---|---|---|---|---|---|---|---|---|---|---|---|---|---|---|---|---|---|---|---|---|---|---|---|---|
| time | | | | | | | | | | | | | | | | | | | | | | | | | | | | | | | | | | | | | |

Basal Body Temperature

| C | F |
|---|---|
| 37,7 | 99.0 |
| 37,6 | 98.9 |
| 37,5 | 98.8 |
| 37,4 | 98.7 |
| 37,3 | 98.6 |
| 37,2 | 98.5 |
| 37,1 | 98.4 |
| 37,0 | 98.3 |
| 36,9 | 98.2 |
| 36,8 | 98.1 |
| 36,7 | 98.0 |
| 36,6 | 97.9 |
| 36,5 | 97.8 |
| 36,4 | 97.7 |
| 36,3 | 97.6 |
| 36,2 | 97.5 |
| 36,1 | 97.4 |
| 36,0 | 97.3 |
| 35,9 | 97.2 |
| 35,8 | 97.1 |
| 35,7 | 97.0 |
| 35,6 | 96.9 |
| 35,5 | 96.8 |
| 35,4 | 96.7 |

| cycle day | 1 | 2 | 3 | 4 | 5 | 6 | 7 | 8 | 9 | 10 | 11 | 12 | 13 | 14 | 15 | 16 | 17 | 18 | 19 | 20 | 21 | 22 | 23 | 24 | 25 | 26 | 27 | 28 | 29 | 30 | 31 | 32 | 33 | 34 | 35 |
|---|---|---|---|---|---|---|---|---|---|---|---|---|---|---|---|---|---|---|---|---|---|---|---|---|---|---|---|---|---|---|---|---|---|---|---|
| period/spotting | | | | | | | | | | | | | | | | | | | | | | | | | | | | | | | | | | | |
| cervical fluid type | | | | | | | | | | | | | | | | | | | | | | | | | | | | | | | | | | | |
| saliva ovulation | | | | | | | | | | | | | | | | | | | | | | | | | | | | | | | | | | | |
| urine ovulation | | | | | | | | | | | | | | | | | | | | | | | | | | | | | | | | | | | |

Mark your chart as follows

Period/spotting: H-heavy M-medium L-light S-spotting     Saliva Ovulation: +/?/-
Cervical Fluid Type: W-watery D-dry S-sticky E-egg white     Urine Ovulation: +/?/-

Notes:

| date | | | |
|---|---|---|---|
| time | | | |

| C | F |
|---|---|
| 37,7 | 99.0 |
| 37,6 | 98.9 |
| 37,5 | 98.8 |
| 37,4 | 98.7 |
| 37,3 | 98.6 |
| 37,2 | 98.5 |
| 37,1 | 98.4 |
| 37,0 | 98.3 |
| 36,9 | 98.2 |
| 36,8 | 98.1 |
| 36,7 | 98.0 |
| 36,6 | 97.9 |
| 36,5 | 97.8 |
| 36,4 | 97.7 |
| 36,3 | 97.6 |
| 36,2 | 97.5 |
| 36,1 | 97.4 |
| 36,0 | 97.3 |
| 35,9 | 97.2 |
| 35,8 | 97.1 |
| 35,7 | 97.0 |
| 35,6 | 96.9 |
| 35,5 | 96.8 |
| 35,4 | 96.7 |

Basal Body Temperature

| cycle day | 1 | 2 | 3 | 4 | 5 | 6 | 7 | 8 | 9 | 10 | 11 | 12 | 13 | 14 | 15 | 16 | 17 | 18 | 19 | 20 | 21 | 22 | 23 | 24 | 25 | 26 | 27 | 28 | 29 | 30 | 31 | 32 | 33 | 34 | 35 |
|---|---|---|---|---|---|---|---|---|---|---|---|---|---|---|---|---|---|---|---|---|---|---|---|---|---|---|---|---|---|---|---|---|---|---|---|
| period/spotting | | | | | | | | | | | | | | | | | | | | | | | | | | | | | | | | | | | |
| cervical fluid type | | | | | | | | | | | | | | | | | | | | | | | | | | | | | | | | | | | |
| saliva ovulation | | | | | | | | | | | | | | | | | | | | | | | | | | | | | | | | | | | |
| urine ovulation | | | | | | | | | | | | | | | | | | | | | | | | | | | | | | | | | | | |

### Mark your chart as follows

Period/spotting: H-heavy M-medium L-light S-spotting    Saliva Ovulation: +/?/-

Cervical Fluid Type: W-watery D-dry S-sticky E-egg white    Urine Ovulation: +/?/-

Notes:

| date | | | | | | | | | | | | | | | | | | | | | | | | | | | | | | | | | | | | |
|------|---|---|---|---|---|---|---|---|---|---|---|---|---|---|---|---|---|---|---|---|---|---|---|---|---|---|---|---|---|---|---|---|---|---|---|---|
| time | | | | | | | | | | | | | | | | | | | | | | | | | | | | | | | | | | | | |

Basal Body Temperature

| C | F |
|------|------|
| 37,7 | 99.0 |
| 37,6 | 98.9 |
| 37,5 | 98.8 |
| 37,4 | 98.7 |
| 37,3 | 98.6 |
| 37,2 | 98.5 |
| 37,1 | 98.4 |
| 37,0 | 98.3 |
| 36,9 | 98.2 |
| 36,8 | 98.1 |
| 36,7 | 98.0 |
| 36,6 | 97.9 |
| 36,5 | 97.8 |
| 36,4 | 97.7 |
| 36,3 | 97.6 |
| 36,2 | 97.5 |
| 36,1 | 97.4 |
| 36,0 | 97.3 |
| 35,9 | 97.2 |
| 35,8 | 97.1 |
| 35,7 | 97.0 |
| 35,6 | 96.9 |
| 35,5 | 96.8 |
| 35,4 | 96.7 |

| cycle day | 1 | 2 | 3 | 4 | 5 | 6 | 7 | 8 | 9 | 10 | 11 | 12 | 13 | 14 | 15 | 16 | 17 | 18 | 19 | 20 | 21 | 22 | 23 | 24 | 25 | 26 | 27 | 28 | 29 | 30 | 31 | 32 | 33 | 34 | 35 |
|------|---|---|---|---|---|---|---|---|---|---|---|---|---|---|---|---|---|---|---|---|---|---|---|---|---|---|---|---|---|---|---|---|---|---|---|
| period/spotting | | | | | | | | | | | | | | | | | | | | | | | | | | | | | | | | | | | |
| cervical fluid type | | | | | | | | | | | | | | | | | | | | | | | | | | | | | | | | | | | |
| saliva ovulation | | | | | | | | | | | | | | | | | | | | | | | | | | | | | | | | | | | |
| urine ovulation | | | | | | | | | | | | | | | | | | | | | | | | | | | | | | | | | | | |

### Mark your chart as follows

Period/spotting: H-heavy M-medium L-light S-spotting        Saliva Ovulation: +/?/-

Cervical Fluid Type: W-watery D-dry S-sticky E-egg white        Urine Ovulation: +/?/-

Notes:

| date | | | | | | | | | | | | | | | | | | | | | | | | | | | | | | | | | | | |
|------|---|---|---|---|---|---|---|---|---|---|---|---|---|---|---|---|---|---|---|---|---|---|---|---|---|---|---|---|---|---|---|---|---|---|---|
| time | | | | | | | | | | | | | | | | | | | | | | | | | | | | | | | | | | | |

Basal Body Temperature

| C | F |
|------|------|
| 37,7 | 99.0 |
| 37,6 | 98.9 |
| 37,5 | 98.8 |
| 37,4 | 98.7 |
| 37,3 | 98.6 |
| 37,2 | 98.5 |
| 37,1 | 98.4 |
| 37,0 | 98.3 |
| 36,9 | 98.2 |
| 36,8 | 98.1 |
| 36,7 | 98.0 |
| 36,6 | 97.9 |
| 36,5 | 97.8 |
| 36,4 | 97.7 |
| 36,3 | 97.6 |
| 36,2 | 97.5 |
| 36,1 | 97.4 |
| 36,0 | 97.3 |
| 35,9 | 97.2 |
| 35,8 | 97.1 |
| 35,7 | 97.0 |
| 35,6 | 96.9 |
| 35,5 | 96.8 |
| 35,4 | 96.7 |

| cycle day | 1 | 2 | 3 | 4 | 5 | 6 | 7 | 8 | 9 | 10 | 11 | 12 | 13 | 14 | 15 | 16 | 17 | 18 | 19 | 20 | 21 | 22 | 23 | 24 | 25 | 26 | 27 | 28 | 29 | 30 | 31 | 32 | 33 | 34 | 35 |
|-----------|---|---|---|---|---|---|---|---|---|----|----|----|----|----|----|----|----|----|----|----|----|----|----|----|----|----|----|----|----|----|----|----|----|----|----|
| period/spotting | | | | | | | | | | | | | | | | | | | | | | | | | | | | | | | | | | | |
| cervical fluid type | | | | | | | | | | | | | | | | | | | | | | | | | | | | | | | | | | | |
| saliva ovulation | | | | | | | | | | | | | | | | | | | | | | | | | | | | | | | | | | | |
| urine ovulation | | | | | | | | | | | | | | | | | | | | | | | | | | | | | | | | | | | |

### Mark your chart as follows

Period/spotting: H-heavy M-medium L-light S-spotting      Saliva Ovulation: +/?/-

Cervical Fluid Type: W-watery D-dry S-sticky E-egg white      Urine Ovulation: +/?/-

Notes:

| | date | | | | | | | | | | | | | | | | | | | | | | | | | | | | | | | | | | | |
|---|---|---|---|---|---|---|---|---|---|---|---|---|---|---|---|---|---|---|---|---|---|---|---|---|---|---|---|---|---|---|---|---|---|---|---|---|

| | time | | | | | | | | | | | | | | | | | | | | | | | | | | | | | | | | | | | | |

**Basal Body Temperature**

| C | F |
|---|---|
| 37,7 | 99.0 |
| 37,6 | 98.9 |
| 37,5 | 98.8 |
| 37,4 | 98.7 |
| 37,3 | 98.6 |
| 37,2 | 98.5 |
| 37,1 | 98.4 |
| 37,0 | 98.3 |
| 36,9 | 98.2 |
| 36,8 | 98.1 |
| 36,7 | 98.0 |
| 36,6 | 97.9 |
| 36,5 | 97.8 |
| 36,4 | 97.7 |
| 36,3 | 97.6 |
| 36,2 | 97.5 |
| 36,1 | 97.4 |
| 36,0 | 97.3 |
| 35,9 | 97.2 |
| 35,8 | 97.1 |
| 35,7 | 97.0 |
| 35,6 | 96.9 |
| 35,5 | 96.8 |
| 35,4 | 96.7 |

| cycle day | 1 | 2 | 3 | 4 | 5 | 6 | 7 | 8 | 9 | 10 | 11 | 12 | 13 | 14 | 15 | 16 | 17 | 18 | 19 | 20 | 21 | 22 | 23 | 24 | 25 | 26 | 27 | 28 | 29 | 30 | 31 | 32 | 33 | 34 | 35 |
|---|---|---|---|---|---|---|---|---|---|---|---|---|---|---|---|---|---|---|---|---|---|---|---|---|---|---|---|---|---|---|---|---|---|---|---|
| period/spotting | | | | | | | | | | | | | | | | | | | | | | | | | | | | | | | | | | | |
| cervical fluid type | | | | | | | | | | | | | | | | | | | | | | | | | | | | | | | | | | | |
| saliva ovulation | | | | | | | | | | | | | | | | | | | | | | | | | | | | | | | | | | | |
| urine ovulation | | | | | | | | | | | | | | | | | | | | | | | | | | | | | | | | | | | |

### Mark your chart as follows

Period/spotting: H-heavy M-medium L-light S-spotting          Saliva Ovulation: +/?/-

Cervical Fluid Type: W-watery D-dry S-sticky E-egg white          Urine Ovulation: +/?/-

Notes:

| date | | |
| time | | |
| **Basal Body Temperature** | C | F |
| | 37,7 | 99.0 |
| | 37,6 | 98.9 |
| | 37,5 | 98.8 |
| | 37,4 | 98.7 |
| | 37,3 | 98.6 |
| | 37,2 | 98.5 |
| | 37,1 | 98.4 |
| | 37,0 | 98.3 |
| | 36,9 | 98.2 |
| | 36,8 | 98.1 |
| | 36,7 | 98.0 |
| | 36,6 | 97.9 |
| | 36,5 | 97.8 |
| | 36,4 | 97.7 |
| | 36,3 | 97.6 |
| | 36,2 | 97.5 |
| | 36,1 | 97.4 |
| | 36,0 | 97.3 |
| | 35,9 | 97.2 |
| | 35,8 | 97.1 |
| | 35,7 | 97.0 |
| | 35,6 | 96.9 |
| | 35,5 | 96.8 |
| | 35,4 | 96.7 |

| cycle day | 1 | 2 | 3 | 4 | 5 | 6 | 7 | 8 | 9 | 10 | 11 | 12 | 13 | 14 | 15 | 16 | 17 | 18 | 19 | 20 | 21 | 22 | 23 | 24 | 25 | 26 | 27 | 28 | 29 | 30 | 31 | 32 | 33 | 34 | 35 |
|---|---|---|---|---|---|---|---|---|---|---|---|---|---|---|---|---|---|---|---|---|---|---|---|---|---|---|---|---|---|---|---|---|---|---|---|
| period/spotting | | | | | | | | | | | | | | | | | | | | | | | | | | | | | | | | | | | |
| cervical fluid type | | | | | | | | | | | | | | | | | | | | | | | | | | | | | | | | | | | |
| saliva ovulation | | | | | | | | | | | | | | | | | | | | | | | | | | | | | | | | | | | |
| urine ovulation | | | | | | | | | | | | | | | | | | | | | | | | | | | | | | | | | | | |

### Mark your chart as follows

Period/spotting: H-heavy M-medium L-light S-spotting     Saliva Ovulation: +/?/-

Cervical Fluid Type: W-watery D-dry S-sticky E-egg white     Urine Ovulation: +/?/-

Notes:

| | date | | | | | | | | | | | | | | | | | | | | | | | | | | | | | | | | | | | |
|---|---|---|---|---|---|---|---|---|---|---|---|---|---|---|---|---|---|---|---|---|---|---|---|---|---|---|---|---|---|---|---|---|---|---|---|---|---|
| | time | | | | | | | | | | | | | | | | | | | | | | | | | | | | | | | | | | | |

**Basal Body Temperature**

| C | F |
|---|---|
| 37,7 | 99.0 |
| 37,6 | 98.9 |
| 37,5 | 98.8 |
| 37,4 | 98.7 |
| 37,3 | 98.6 |
| 37,2 | 98.5 |
| 37,1 | 98.4 |
| 37,0 | 98.3 |
| 36,9 | 98.2 |
| 36,8 | 98.1 |
| 36,7 | 98.0 |
| 36,6 | 97.9 |
| 36,5 | 97.8 |
| 36,4 | 97.7 |
| 36,3 | 97.6 |
| 36,2 | 97.5 |
| 36,1 | 97.4 |
| 36,0 | 97.3 |
| 35,9 | 97.2 |
| 35,8 | 97.1 |
| 35,7 | 97.0 |
| 35,6 | 96.9 |
| 35,5 | 96.8 |
| 35,4 | 96.7 |

| cycle day | 1 | 2 | 3 | 4 | 5 | 6 | 7 | 8 | 9 | 10 | 11 | 12 | 13 | 14 | 15 | 16 | 17 | 18 | 19 | 20 | 21 | 22 | 23 | 24 | 25 | 26 | 27 | 28 | 29 | 30 | 31 | 32 | 33 | 34 | 35 |
|---|---|---|---|---|---|---|---|---|---|---|---|---|---|---|---|---|---|---|---|---|---|---|---|---|---|---|---|---|---|---|---|---|---|---|---|
| period/spotting | | | | | | | | | | | | | | | | | | | | | | | | | | | | | | | | | | | |
| cervical fluid type | | | | | | | | | | | | | | | | | | | | | | | | | | | | | | | | | | | |
| saliva ovulation | | | | | | | | | | | | | | | | | | | | | | | | | | | | | | | | | | | |
| urine ovulation | | | | | | | | | | | | | | | | | | | | | | | | | | | | | | | | | | | |

### Mark your chart as follows

Period/spotting: H-heavy M-medium L-light S-spotting          Saliva Ovulation: +/?/-

Cervical Fluid Type: W-watery D-dry S-sticky E-egg white          Urine Ovulation: +/?/-

Notes:

| date | | | | | | | | | | | | | | | | | | | | | | | | | | | | | | | | | | | |
|---|---|---|---|---|---|---|---|---|---|---|---|---|---|---|---|---|---|---|---|---|---|---|---|---|---|---|---|---|---|---|---|---|---|---|---|
| time | | | | | | | | | | | | | | | | | | | | | | | | | | | | | | | | | | | |

Basal Body Temperature

| C | F | | | | | | | | | | | | | | | | | | | | | | | | | | | | | | | | | | |
|---|---|---|---|---|---|---|---|---|---|---|---|---|---|---|---|---|---|---|---|---|---|---|---|---|---|---|---|---|---|---|---|---|---|---|---|---|
| 37,7 | 99.0 | | | | | | | | | | | | | | | | | | | | | | | | | | | | | | | | | | | |
| 37,6 | 98.9 | | | | | | | | | | | | | | | | | | | | | | | | | | | | | | | | | | | |
| 37,5 | 98.8 | | | | | | | | | | | | | | | | | | | | | | | | | | | | | | | | | | | |
| 37,4 | 98.7 | | | | | | | | | | | | | | | | | | | | | | | | | | | | | | | | | | | |
| 37,3 | 98.6 | | | | | | | | | | | | | | | | | | | | | | | | | | | | | | | | | | | |
| 37,2 | 98.5 | | | | | | | | | | | | | | | | | | | | | | | | | | | | | | | | | | | |
| 37,1 | 98.4 | | | | | | | | | | | | | | | | | | | | | | | | | | | | | | | | | | | |
| 37,0 | 98.3 | | | | | | | | | | | | | | | | | | | | | | | | | | | | | | | | | | | |
| 36,9 | 98.2 | | | | | | | | | | | | | | | | | | | | | | | | | | | | | | | | | | | |
| 36,8 | 98.1 | | | | | | | | | | | | | | | | | | | | | | | | | | | | | | | | | | | |
| 36,7 | 98.0 | | | | | | | | | | | | | | | | | | | | | | | | | | | | | | | | | | | |
| 36,6 | 97.9 | | | | | | | | | | | | | | | | | | | | | | | | | | | | | | | | | | | |
| 36,5 | 97.8 | | | | | | | | | | | | | | | | | | | | | | | | | | | | | | | | | | | |
| 36,4 | 97.7 | | | | | | | | | | | | | | | | | | | | | | | | | | | | | | | | | | | |
| 36,3 | 97.6 | | | | | | | | | | | | | | | | | | | | | | | | | | | | | | | | | | | |
| 36,2 | 97.5 | | | | | | | | | | | | | | | | | | | | | | | | | | | | | | | | | | | |
| 36,1 | 97.4 | | | | | | | | | | | | | | | | | | | | | | | | | | | | | | | | | | | |
| 36,0 | 97.3 | | | | | | | | | | | | | | | | | | | | | | | | | | | | | | | | | | | |
| 35,9 | 97.2 | | | | | | | | | | | | | | | | | | | | | | | | | | | | | | | | | | | |
| 35,8 | 97.1 | | | | | | | | | | | | | | | | | | | | | | | | | | | | | | | | | | | |
| 35,7 | 97.0 | | | | | | | | | | | | | | | | | | | | | | | | | | | | | | | | | | | |
| 35,6 | 96.9 | | | | | | | | | | | | | | | | | | | | | | | | | | | | | | | | | | | |
| 35,5 | 96.8 | | | | | | | | | | | | | | | | | | | | | | | | | | | | | | | | | | | |
| 35,4 | 96.7 | | | | | | | | | | | | | | | | | | | | | | | | | | | | | | | | | | | |

| cycle day | 1 | 2 | 3 | 4 | 5 | 6 | 7 | 8 | 9 | 10 | 11 | 12 | 13 | 14 | 15 | 16 | 17 | 18 | 19 | 20 | 21 | 22 | 23 | 24 | 25 | 26 | 27 | 28 | 29 | 30 | 31 | 32 | 33 | 34 | 35 |
|---|---|---|---|---|---|---|---|---|---|---|---|---|---|---|---|---|---|---|---|---|---|---|---|---|---|---|---|---|---|---|---|---|---|---|---|
| period/spotting | | | | | | | | | | | | | | | | | | | | | | | | | | | | | | | | | | | |
| cervical fluid type | | | | | | | | | | | | | | | | | | | | | | | | | | | | | | | | | | | |
| saliva ovulation | | | | | | | | | | | | | | | | | | | | | | | | | | | | | | | | | | | |
| urine ovulation | | | | | | | | | | | | | | | | | | | | | | | | | | | | | | | | | | | |

### Mark your chart as follows

Period/spotting: H-heavy M-medium L-light S-spotting       Saliva Ovulation: +/?/-

Cervical Fluid Type: W-watery D-dry S-sticky E-egg white       Urine Ovulation: +/?/-

Notes:

| | date | | | | | | | | | | | | | | | | | | | | | | | | | | | | | | | | | | | |
|---|---|---|---|---|---|---|---|---|---|---|---|---|---|---|---|---|---|---|---|---|---|---|---|---|---|---|---|---|---|---|---|---|---|---|---|---|
| | time | | | | | | | | | | | | | | | | | | | | | | | | | | | | | | | | | | | |

**Basal Body Temperature**

| C | F |
|---|---|
| 37,7 | 99.0 |
| 37,6 | 98.9 |
| 37,5 | 98.8 |
| 37,4 | 98.7 |
| 37,3 | 98.6 |
| 37,2 | 98.5 |
| 37,1 | 98.4 |
| 37,0 | 98.3 |
| 36,9 | 98.2 |
| 36,8 | 98.1 |
| 36,7 | 98.0 |
| 36,6 | 97.9 |
| 36,5 | 97.8 |
| 36,4 | 97.7 |
| 36,3 | 97.6 |
| 36,2 | 97.5 |
| 36,1 | 97.4 |
| 36,0 | 97.3 |
| 35,9 | 97.2 |
| 35,8 | 97.1 |
| 35,7 | 97.0 |
| 35,6 | 96.9 |
| 35,5 | 96.8 |
| 35,4 | 96.7 |

| cycle day | 1 | 2 | 3 | 4 | 5 | 6 | 7 | 8 | 9 | 10 | 11 | 12 | 13 | 14 | 15 | 16 | 17 | 18 | 19 | 20 | 21 | 22 | 23 | 24 | 25 | 26 | 27 | 28 | 29 | 30 | 31 | 32 | 33 | 34 | 35 |
|---|---|---|---|---|---|---|---|---|---|---|---|---|---|---|---|---|---|---|---|---|---|---|---|---|---|---|---|---|---|---|---|---|---|---|---|
| period/spotting | | | | | | | | | | | | | | | | | | | | | | | | | | | | | | | | | | | |
| cervical fluid type | | | | | | | | | | | | | | | | | | | | | | | | | | | | | | | | | | | |
| saliva ovulation | | | | | | | | | | | | | | | | | | | | | | | | | | | | | | | | | | | |
| urine ovulation | | | | | | | | | | | | | | | | | | | | | | | | | | | | | | | | | | | |

**Mark your chart as follows**

Period/spotting: H-heavy M-medium L-light S-spotting     Saliva Ovulation: +/?/-

Cervical Fluid Type: W-watery D-dry S-sticky E-egg white     Urine Ovulation: +/?/-

Notes:

| | date | | | | | | | | | | | | | | | | | | | | | | | | | | | | | | | | | | |
|---|---|---|---|---|---|---|---|---|---|---|---|---|---|---|---|---|---|---|---|---|---|---|---|---|---|---|---|---|---|---|---|---|---|---|---|---|
| | time | | | | | | | | | | | | | | | | | | | | | | | | | | | | | | | | | | |

| Basal Body Temperature | C | F | | | | | | | | | | | | | | | | | | | | | | | | | | | | | | | | | | |
|---|---|---|---|---|---|---|---|---|---|---|---|---|---|---|---|---|---|---|---|---|---|---|---|---|---|---|---|---|---|---|---|---|---|---|---|---|
| | 37,7 | 99.0 | | | | | | | | | | | | | | | | | | | | | | | | | | | | | | | | | | |
| | 37,6 | 98.9 | | | | | | | | | | | | | | | | | | | | | | | | | | | | | | | | | | |
| | 37,5 | 98.8 | | | | | | | | | | | | | | | | | | | | | | | | | | | | | | | | | | |
| | 37,4 | 98.7 | | | | | | | | | | | | | | | | | | | | | | | | | | | | | | | | | | |
| | 37,3 | 98.6 | | | | | | | | | | | | | | | | | | | | | | | | | | | | | | | | | | |
| | 37,2 | 98.5 | | | | | | | | | | | | | | | | | | | | | | | | | | | | | | | | | | |
| | 37,1 | 98.4 | | | | | | | | | | | | | | | | | | | | | | | | | | | | | | | | | | |
| | 37,0 | 98.3 | | | | | | | | | | | | | | | | | | | | | | | | | | | | | | | | | | |
| | 36,9 | 98.2 | | | | | | | | | | | | | | | | | | | | | | | | | | | | | | | | | | |
| | 36,8 | 98.1 | | | | | | | | | | | | | | | | | | | | | | | | | | | | | | | | | | |
| | 36,7 | 98.0 | | | | | | | | | | | | | | | | | | | | | | | | | | | | | | | | | | |
| | 36,6 | 97.9 | | | | | | | | | | | | | | | | | | | | | | | | | | | | | | | | | | |
| | 36,5 | 97.8 | | | | | | | | | | | | | | | | | | | | | | | | | | | | | | | | | | |
| | 36,4 | 97.7 | | | | | | | | | | | | | | | | | | | | | | | | | | | | | | | | | | |
| | 36,3 | 97.6 | | | | | | | | | | | | | | | | | | | | | | | | | | | | | | | | | | |
| | 36,2 | 97.5 | | | | | | | | | | | | | | | | | | | | | | | | | | | | | | | | | | |
| | 36,1 | 97.4 | | | | | | | | | | | | | | | | | | | | | | | | | | | | | | | | | | |
| | 36,0 | 97.3 | | | | | | | | | | | | | | | | | | | | | | | | | | | | | | | | | | |
| | 35,9 | 97.2 | | | | | | | | | | | | | | | | | | | | | | | | | | | | | | | | | | |
| | 35,8 | 97.1 | | | | | | | | | | | | | | | | | | | | | | | | | | | | | | | | | | |
| | 35,7 | 97.0 | | | | | | | | | | | | | | | | | | | | | | | | | | | | | | | | | | |
| | 35,6 | 96.9 | | | | | | | | | | | | | | | | | | | | | | | | | | | | | | | | | | |
| | 35,5 | 96.8 | | | | | | | | | | | | | | | | | | | | | | | | | | | | | | | | | | |
| | 35,4 | 96.7 | | | | | | | | | | | | | | | | | | | | | | | | | | | | | | | | | | |

| cycle day | 1 | 2 | 3 | 4 | 5 | 6 | 7 | 8 | 9 | 10 | 11 | 12 | 13 | 14 | 15 | 16 | 17 | 18 | 19 | 20 | 21 | 22 | 23 | 24 | 25 | 26 | 27 | 28 | 29 | 30 | 31 | 32 | 33 | 34 | 35 |
|---|---|---|---|---|---|---|---|---|---|---|---|---|---|---|---|---|---|---|---|---|---|---|---|---|---|---|---|---|---|---|---|---|---|---|---|
| period/spotting | | | | | | | | | | | | | | | | | | | | | | | | | | | | | | | | | | | |
| cervical fluid type | | | | | | | | | | | | | | | | | | | | | | | | | | | | | | | | | | | |
| saliva ovulation | | | | | | | | | | | | | | | | | | | | | | | | | | | | | | | | | | | |
| urine ovulation | | | | | | | | | | | | | | | | | | | | | | | | | | | | | | | | | | | |

Mark your chart as follows

Period/spotting: H-heavy M-medium L-light S-spotting    Saliva Ovulation: +/?/-

Cervical Fluid Type: W-watery D-dry S-sticky E-egg white    Urine Ovulation: +/?/-

Notes:

|  | date |  |
|---|---|---|
|  | time |  |

| Basal Body Temperature | C | F |
|---|---|---|
|  | 37,7 | 99.0 |
|  | 37,6 | 98.9 |
|  | 37,5 | 98.8 |
|  | 37,4 | 98.7 |
|  | 37,3 | 98.6 |
|  | 37,2 | 98.5 |
|  | 37,1 | 98.4 |
|  | 37,0 | 98.3 |
|  | 36,9 | 98.2 |
|  | 36,8 | 98.1 |
|  | 36,7 | 98.0 |
|  | 36,6 | 97.9 |
|  | 36,5 | 97.8 |
|  | 36,4 | 97.7 |
|  | 36,3 | 97.6 |
|  | 36,2 | 97.5 |
|  | 36,1 | 97.4 |
|  | 36,0 | 97.3 |
|  | 35,9 | 97.2 |
|  | 35,8 | 97.1 |
|  | 35,7 | 97.0 |
|  | 35,6 | 96.9 |
|  | 35,5 | 96.8 |
|  | 35,4 | 96.7 |

| cycle day | 1 | 2 | 3 | 4 | 5 | 6 | 7 | 8 | 9 | 10 | 11 | 12 | 13 | 14 | 15 | 16 | 17 | 18 | 19 | 20 | 21 | 22 | 23 | 24 | 25 | 26 | 27 | 28 | 29 | 30 | 31 | 32 | 33 | 34 | 35 |
|---|---|---|---|---|---|---|---|---|---|---|---|---|---|---|---|---|---|---|---|---|---|---|---|---|---|---|---|---|---|---|---|---|---|---|---|
| period/spotting | | | | | | | | | | | | | | | | | | | | | | | | | | | | | | | | | | | |
| cervical fluid type | | | | | | | | | | | | | | | | | | | | | | | | | | | | | | | | | | | |
| saliva ovulation | | | | | | | | | | | | | | | | | | | | | | | | | | | | | | | | | | | |
| urine ovulation | | | | | | | | | | | | | | | | | | | | | | | | | | | | | | | | | | | |

## Mark your chart as follows

Period/spotting: H-heavy M-medium L-light S-spotting    Saliva Ovulation: +/?/-

Cervical Fluid Type: W-watery D-dry S-sticky E-egg white    Urine Ovulation: +/?/-

Notes:

| | date | | | | | | | | | | | | | | | | | | | | | | | | | | | | | | | | | | | |
|---|---|---|---|---|---|---|---|---|---|---|---|---|---|---|---|---|---|---|---|---|---|---|---|---|---|---|---|---|---|---|---|---|---|---|---|---|---|
| | time | | | | | | | | | | | | | | | | | | | | | | | | | | | | | | | | | | | |
| Basal Body Temperature | **C** / **F** | | | | | | | | | | | | | | | | | | | | | | | | | | | | | | | | | | | |
| | 37,7 / 99.0 | | | | | | | | | | | | | | | | | | | | | | | | | | | | | | | | | | | |
| | 37,6 / 98.9 | | | | | | | | | | | | | | | | | | | | | | | | | | | | | | | | | | | |
| | 37,5 / 98.8 | | | | | | | | | | | | | | | | | | | | | | | | | | | | | | | | | | | |
| | 37,4 / 98.7 | | | | | | | | | | | | | | | | | | | | | | | | | | | | | | | | | | | |
| | 37,3 / 98.6 | | | | | | | | | | | | | | | | | | | | | | | | | | | | | | | | | | | |
| | 37,2 / 98.5 | | | | | | | | | | | | | | | | | | | | | | | | | | | | | | | | | | | |
| | 37,1 / 98.4 | | | | | | | | | | | | | | | | | | | | | | | | | | | | | | | | | | | |
| | 37,0 / 98.3 | | | | | | | | | | | | | | | | | | | | | | | | | | | | | | | | | | | |
| | 36,9 / 98.2 | | | | | | | | | | | | | | | | | | | | | | | | | | | | | | | | | | | |
| | 36,8 / 98.1 | | | | | | | | | | | | | | | | | | | | | | | | | | | | | | | | | | | |
| | 36,7 / 98.0 | | | | | | | | | | | | | | | | | | | | | | | | | | | | | | | | | | | |
| | 36,6 / 97.9 | | | | | | | | | | | | | | | | | | | | | | | | | | | | | | | | | | | |
| | 36,5 / 97.8 | | | | | | | | | | | | | | | | | | | | | | | | | | | | | | | | | | | |
| | 36,4 / 97.7 | | | | | | | | | | | | | | | | | | | | | | | | | | | | | | | | | | | |
| | 36,3 / 97.6 | | | | | | | | | | | | | | | | | | | | | | | | | | | | | | | | | | | |
| | 36,2 / 97.5 | | | | | | | | | | | | | | | | | | | | | | | | | | | | | | | | | | | |
| | 36,1 / 97.4 | | | | | | | | | | | | | | | | | | | | | | | | | | | | | | | | | | | |
| | 36,0 / 97.3 | | | | | | | | | | | | | | | | | | | | | | | | | | | | | | | | | | | |
| | 35,9 / 97.2 | | | | | | | | | | | | | | | | | | | | | | | | | | | | | | | | | | | |
| | 35,8 / 97.1 | | | | | | | | | | | | | | | | | | | | | | | | | | | | | | | | | | | |
| | 35,7 / 97.0 | | | | | | | | | | | | | | | | | | | | | | | | | | | | | | | | | | | |
| | 35,6 / 96.9 | | | | | | | | | | | | | | | | | | | | | | | | | | | | | | | | | | | |
| | 35,5 / 96.8 | | | | | | | | | | | | | | | | | | | | | | | | | | | | | | | | | | | |
| | 35,4 / 96.7 | | | | | | | | | | | | | | | | | | | | | | | | | | | | | | | | | | | |

| cycle day | 1 | 2 | 3 | 4 | 5 | 6 | 7 | 8 | 9 | 10 | 11 | 12 | 13 | 14 | 15 | 16 | 17 | 18 | 19 | 20 | 21 | 22 | 23 | 24 | 25 | 26 | 27 | 28 | 29 | 30 | 31 | 32 | 33 | 34 | 35 |
|---|---|---|---|---|---|---|---|---|---|---|---|---|---|---|---|---|---|---|---|---|---|---|---|---|---|---|---|---|---|---|---|---|---|---|---|
| period/spotting | | | | | | | | | | | | | | | | | | | | | | | | | | | | | | | | | | | |
| cervical fluid type | | | | | | | | | | | | | | | | | | | | | | | | | | | | | | | | | | | |
| saliva ovulation | | | | | | | | | | | | | | | | | | | | | | | | | | | | | | | | | | | |
| urine ovulation | | | | | | | | | | | | | | | | | | | | | | | | | | | | | | | | | | | |

**Mark your chart as follows**

Period/spotting: H-heavy M-medium L-light S-spotting        Saliva Ovulation: +/?/-

Cervical Fluid Type: W-watery D-dry S-sticky E-egg white        Urine Ovulation: +/?/-

Notes:

| | date | | | | | | | | | | | | | | | | | | | | | | | | | | | | | | | | | | | |
|---|---|---|---|---|---|---|---|---|---|---|---|---|---|---|---|---|---|---|---|---|---|---|---|---|---|---|---|---|---|---|---|---|---|---|---|---|---|
| | time | | | | | | | | | | | | | | | | | | | | | | | | | | | | | | | | | | | |

| | C | F |
|---|---|---|
| Basal Body Temperature | 37,7 | 99.0 |
| | 37,6 | 98.9 |
| | 37,5 | 98.8 |
| | 37,4 | 98.7 |
| | 37,3 | 98.6 |
| | 37,2 | 98.5 |
| | 37,1 | 98.4 |
| | 37,0 | 98.3 |
| | 36,9 | 98.2 |
| | 36,8 | 98.1 |
| | 36,7 | 98.0 |
| | 36,6 | 97.9 |
| | 36,5 | 97.8 |
| | 36,4 | 97.7 |
| | 36,3 | 97.6 |
| | 36,2 | 97.5 |
| | 36,1 | 97.4 |
| | 36,0 | 97.3 |
| | 35,9 | 97.2 |
| | 35,8 | 97.1 |
| | 35,7 | 97.0 |
| | 35,6 | 96.9 |
| | 35,5 | 96.8 |
| | 35,4 | 96.7 |

| cycle day | 1 | 2 | 3 | 4 | 5 | 6 | 7 | 8 | 9 | 10 | 11 | 12 | 13 | 14 | 15 | 16 | 17 | 18 | 19 | 20 | 21 | 22 | 23 | 24 | 25 | 26 | 27 | 28 | 29 | 30 | 31 | 32 | 33 | 34 | 35 |
|---|---|---|---|---|---|---|---|---|---|---|---|---|---|---|---|---|---|---|---|---|---|---|---|---|---|---|---|---|---|---|---|---|---|---|---|
| period/spotting | | | | | | | | | | | | | | | | | | | | | | | | | | | | | | | | | | | |
| cervical fluid type | | | | | | | | | | | | | | | | | | | | | | | | | | | | | | | | | | | |
| saliva ovulation | | | | | | | | | | | | | | | | | | | | | | | | | | | | | | | | | | | |
| urine ovulation | | | | | | | | | | | | | | | | | | | | | | | | | | | | | | | | | | | |

### Mark your chart as follows

Period/spotting: H-heavy M-medium L-light S-spotting     Saliva Ovulation: +/?/-

Cervical Fluid Type: W-watery D-dry S-sticky E-egg white     Urine Ovulation: +/?/-

Notes:

| | date | | | | | | | | | | | | | | | | | | | | | | | | | | | | | | | | | | | |
|---|---|---|---|---|---|---|---|---|---|---|---|---|---|---|---|---|---|---|---|---|---|---|---|---|---|---|---|---|---|---|---|---|---|---|---|---|---|

| | time | | |
|---|---|---|---|
| | | C | F |

Basal Body Temperature

| C | F |
|---|---|
| 37,7 | 99.0 |
| 37,6 | 98.9 |
| 37,5 | 98.8 |
| 37,4 | 98.7 |
| 37,3 | 98.6 |
| 37,2 | 98.5 |
| 37,1 | 98.4 |
| 37,0 | 98.3 |
| 36,9 | 98.2 |
| 36,8 | 98.1 |
| 36,7 | 98.0 |
| 36,6 | 97.9 |
| 36,5 | 97.8 |
| 36,4 | 97.7 |
| 36,3 | 97.6 |
| 36,2 | 97.5 |
| 36,1 | 97.4 |
| 36,0 | 97.3 |
| 35,9 | 97.2 |
| 35,8 | 97.1 |
| 35,7 | 97.0 |
| 35,6 | 96.9 |
| 35,5 | 96.8 |
| 35,4 | 96.7 |

| cycle day | 1 | 2 | 3 | 4 | 5 | 6 | 7 | 8 | 9 | 10 | 11 | 12 | 13 | 14 | 15 | 16 | 17 | 18 | 19 | 20 | 21 | 22 | 23 | 24 | 25 | 26 | 27 | 28 | 29 | 30 | 31 | 32 | 33 | 34 | 35 |
|---|---|---|---|---|---|---|---|---|---|---|---|---|---|---|---|---|---|---|---|---|---|---|---|---|---|---|---|---|---|---|---|---|---|---|---|
| period/spotting | | | | | | | | | | | | | | | | | | | | | | | | | | | | | | | | | | | |
| cervical fluid type | | | | | | | | | | | | | | | | | | | | | | | | | | | | | | | | | | | |
| saliva ovulation | | | | | | | | | | | | | | | | | | | | | | | | | | | | | | | | | | | |
| urine ovulation | | | | | | | | | | | | | | | | | | | | | | | | | | | | | | | | | | | |

### Mark your chart as follows

Period/spotting: H-heavy M-medium L-light S-spotting    Saliva Ovulation: +/?/-

Cervical Fluid Type: W-watery D-dry S-sticky E-egg white    Urine Ovulation: +/?/-

Notes:

| | date | | | | | | | | | | | | | | | | | | | | | | | | | | | | | | | | | | |
|---|---|---|---|---|---|---|---|---|---|---|---|---|---|---|---|---|---|---|---|---|---|---|---|---|---|---|---|---|---|---|---|---|---|---|---|---|
| | time | | | | | | | | | | | | | | | | | | | | | | | | | | | | | | | | | | |

| Basal Body Temperature | C | F | | | | | | | | | | | | | | | | | | | | | | | | | | | | | | | | | |
|---|---|---|---|---|---|---|---|---|---|---|---|---|---|---|---|---|---|---|---|---|---|---|---|---|---|---|---|---|---|---|---|---|---|---|---|---|
| | 37,7 | 99.0 | | | | | | | | | | | | | | | | | | | | | | | | | | | | | | | | | | |
| | 37,6 | 98.9 | | | | | | | | | | | | | | | | | | | | | | | | | | | | | | | | | | |
| | 37,5 | 98.8 | | | | | | | | | | | | | | | | | | | | | | | | | | | | | | | | | | |
| | 37,4 | 98.7 | | | | | | | | | | | | | | | | | | | | | | | | | | | | | | | | | | |
| | 37,3 | 98.6 | | | | | | | | | | | | | | | | | | | | | | | | | | | | | | | | | | |
| | 37,2 | 98.5 | | | | | | | | | | | | | | | | | | | | | | | | | | | | | | | | | | |
| | 37,1 | 98.4 | | | | | | | | | | | | | | | | | | | | | | | | | | | | | | | | | | |
| | 37,0 | 98.3 | | | | | | | | | | | | | | | | | | | | | | | | | | | | | | | | | | |
| | 36,9 | 98.2 | | | | | | | | | | | | | | | | | | | | | | | | | | | | | | | | | | |
| | 36,8 | 98.1 | | | | | | | | | | | | | | | | | | | | | | | | | | | | | | | | | | |
| | 36,7 | 98.0 | | | | | | | | | | | | | | | | | | | | | | | | | | | | | | | | | | |
| | 36,6 | 97.9 | | | | | | | | | | | | | | | | | | | | | | | | | | | | | | | | | | |
| | 36,5 | 97.8 | | | | | | | | | | | | | | | | | | | | | | | | | | | | | | | | | | |
| | 36,4 | 97.7 | | | | | | | | | | | | | | | | | | | | | | | | | | | | | | | | | | |
| | 36,3 | 97.6 | | | | | | | | | | | | | | | | | | | | | | | | | | | | | | | | | | |
| | 36,2 | 97.5 | | | | | | | | | | | | | | | | | | | | | | | | | | | | | | | | | | |
| | 36,1 | 97.4 | | | | | | | | | | | | | | | | | | | | | | | | | | | | | | | | | | |
| | 36,0 | 97.3 | | | | | | | | | | | | | | | | | | | | | | | | | | | | | | | | | | |
| | 35,9 | 97.2 | | | | | | | | | | | | | | | | | | | | | | | | | | | | | | | | | | |
| | 35,8 | 97.1 | | | | | | | | | | | | | | | | | | | | | | | | | | | | | | | | | | |
| | 35,7 | 97.0 | | | | | | | | | | | | | | | | | | | | | | | | | | | | | | | | | | |
| | 35,6 | 96.9 | | | | | | | | | | | | | | | | | | | | | | | | | | | | | | | | | | |
| | 35,5 | 96.8 | | | | | | | | | | | | | | | | | | | | | | | | | | | | | | | | | | |
| | 35,4 | 96.7 | | | | | | | | | | | | | | | | | | | | | | | | | | | | | | | | | | |

| cycle day | 1 | 2 | 3 | 4 | 5 | 6 | 7 | 8 | 9 | 10 | 11 | 12 | 13 | 14 | 15 | 16 | 17 | 18 | 19 | 20 | 21 | 22 | 23 | 24 | 25 | 26 | 27 | 28 | 29 | 30 | 31 | 32 | 33 | 34 | 35 |
|---|---|---|---|---|---|---|---|---|---|---|---|---|---|---|---|---|---|---|---|---|---|---|---|---|---|---|---|---|---|---|---|---|---|---|---|
| period/spotting | | | | | | | | | | | | | | | | | | | | | | | | | | | | | | | | | | | |
| cervical fluid type | | | | | | | | | | | | | | | | | | | | | | | | | | | | | | | | | | | |
| saliva ovulation | | | | | | | | | | | | | | | | | | | | | | | | | | | | | | | | | | | |
| urine ovulation | | | | | | | | | | | | | | | | | | | | | | | | | | | | | | | | | | | |

### Mark your chart as follows

Period/spotting: H-heavy M-medium L-light S-spotting    Saliva Ovulation: +/?/-

Cervical Fluid Type: W-watery D-dry S-sticky E-egg white    Urine Ovulation: +/?/-

Notes:

|  | date | | | | | | | | | | | | | | | | | | | | | | | | | | | | | | | | | | |
|---|---|---|---|---|---|---|---|---|---|---|---|---|---|---|---|---|---|---|---|---|---|---|---|---|---|---|---|---|---|---|---|---|---|---|---|---|
|  | time | | | | | | | | | | | | | | | | | | | | | | | | | | | | | | | | | | |

**Basal Body Temperature**

| C | F |
|---|---|
| 37,7 | 99.0 |
| 37,6 | 98.9 |
| 37,5 | 98.8 |
| 37,4 | 98.7 |
| 37,3 | 98.6 |
| 37,2 | 98.5 |
| 37,1 | 98.4 |
| 37,0 | 98.3 |
| 36,9 | 98.2 |
| 36,8 | 98.1 |
| 36,7 | 98.0 |
| 36,6 | 97.9 |
| 36,5 | 97.8 |
| 36,4 | 97.7 |
| 36,3 | 97.6 |
| 36,2 | 97.5 |
| 36,1 | 97.4 |
| 36,0 | 97.3 |
| 35,9 | 97.2 |
| 35,8 | 97.1 |
| 35,7 | 97.0 |
| 35,6 | 96.9 |
| 35,5 | 96.8 |
| 35,4 | 96.7 |

| cycle day | 1 | 2 | 3 | 4 | 5 | 6 | 7 | 8 | 9 | 10 | 11 | 12 | 13 | 14 | 15 | 16 | 17 | 18 | 19 | 20 | 21 | 22 | 23 | 24 | 25 | 26 | 27 | 28 | 29 | 30 | 31 | 32 | 33 | 34 | 35 |
|---|---|---|---|---|---|---|---|---|---|---|---|---|---|---|---|---|---|---|---|---|---|---|---|---|---|---|---|---|---|---|---|---|---|---|---|
| period/spotting | | | | | | | | | | | | | | | | | | | | | | | | | | | | | | | | | | | |
| cervical fluid type | | | | | | | | | | | | | | | | | | | | | | | | | | | | | | | | | | | |
| saliva ovulation | | | | | | | | | | | | | | | | | | | | | | | | | | | | | | | | | | | |
| urine ovulation | | | | | | | | | | | | | | | | | | | | | | | | | | | | | | | | | | | |

Mark your chart as follows

Period/spotting: H-heavy M-medium L-light S-spotting

Cervical Fluid Type: W-watery D-dry S-sticky E-egg white

Saliva Ovulation: +/?/-

Urine Ovulation: +/?/-

Notes:

| | date | | | | | | | | | | | | | | | | | | | | | | | | | | | | | | | | | | | | |
|---|---|---|---|---|---|---|---|---|---|---|---|---|---|---|---|---|---|---|---|---|---|---|---|---|---|---|---|---|---|---|---|---|---|---|---|---|---|
| | time | | | | | | | | | | | | | | | | | | | | | | | | | | | | | | | | | | | | | |

| | C | F |
|---|---|---|
| | 37,7 | 99.0 |
| | 37,6 | 98.9 |
| | 37,5 | 98.8 |
| | 37,4 | 98.7 |
| | 37,3 | 98.6 |
| | 37,2 | 98.5 |
| | 37,1 | 98.4 |
| | 37,0 | 98.3 |
| | 36,9 | 98.2 |
| | 36,8 | 98.1 |
| | 36,7 | 98.0 |
| | 36,6 | 97.9 |
| | 36,5 | 97.8 |
| | 36,4 | 97.7 |
| | 36,3 | 97.6 |
| | 36,2 | 97.5 |
| | 36,1 | 97.4 |
| | 36,0 | 97.3 |
| | 35,9 | 97.2 |
| | 35,8 | 97.1 |
| | 35,7 | 97.0 |
| | 35,6 | 96.9 |
| | 35,5 | 96.8 |
| | 35,4 | 96.7 |

*Basal Body Temperature* (vertical axis label)

| cycle day | 1 | 2 | 3 | 4 | 5 | 6 | 7 | 8 | 9 | 10 | 11 | 12 | 13 | 14 | 15 | 16 | 17 | 18 | 19 | 20 | 21 | 22 | 23 | 24 | 25 | 26 | 27 | 28 | 29 | 30 | 31 | 32 | 33 | 34 | 35 |
|---|---|---|---|---|---|---|---|---|---|---|---|---|---|---|---|---|---|---|---|---|---|---|---|---|---|---|---|---|---|---|---|---|---|---|---|
| period/spotting | | | | | | | | | | | | | | | | | | | | | | | | | | | | | | | | | | | |
| cervical fluid type | | | | | | | | | | | | | | | | | | | | | | | | | | | | | | | | | | | |
| saliva ovulation | | | | | | | | | | | | | | | | | | | | | | | | | | | | | | | | | | | |
| urine ovulation | | | | | | | | | | | | | | | | | | | | | | | | | | | | | | | | | | | |

**Mark your chart as follows**

Period/spotting: H-heavy M-medium L-light S-spotting        Saliva Ovulation: +/?/-

Cervical Fluid Type: W-watery D-dry S-sticky E-egg white        Urine Ovulation: +/?/-

Notes:

| date | | | | | | | | | | | | | | | | | | | | | | | | | | | | | | | | | | | | |
|---|---|---|---|---|---|---|---|---|---|---|---|---|---|---|---|---|---|---|---|---|---|---|---|---|---|---|---|---|---|---|---|---|---|---|---|---|
| **time** | | | | | | | | | | | | | | | | | | | | | | | | | | | | | | | | | | | | |

**Basal Body Temperature**

| C | F |
|---|---|
| 37,7 | 99.0 |
| 37,6 | 98.9 |
| 37,5 | 98.8 |
| 37,4 | 98.7 |
| 37,3 | 98.6 |
| 37,2 | 98.5 |
| 37,1 | 98.4 |
| 37,0 | 98.3 |
| 36,9 | 98.2 |
| 36,8 | 98.1 |
| 36,7 | 98.0 |
| 36,6 | 97.9 |
| 36,5 | 97.8 |
| 36,4 | 97.7 |
| 36,3 | 97.6 |
| 36,2 | 97.5 |
| 36,1 | 97.4 |
| 36,0 | 97.3 |
| 35,9 | 97.2 |
| 35,8 | 97.1 |
| 35,7 | 97.0 |
| 35,6 | 96.9 |
| 35,5 | 96.8 |
| 35,4 | 96.7 |

| cycle day | 1 | 2 | 3 | 4 | 5 | 6 | 7 | 8 | 9 | 10 | 11 | 12 | 13 | 14 | 15 | 16 | 17 | 18 | 19 | 20 | 21 | 22 | 23 | 24 | 25 | 26 | 27 | 28 | 29 | 30 | 31 | 32 | 33 | 34 | 35 |
|---|---|---|---|---|---|---|---|---|---|---|---|---|---|---|---|---|---|---|---|---|---|---|---|---|---|---|---|---|---|---|---|---|---|---|---|
| period/spotting | | | | | | | | | | | | | | | | | | | | | | | | | | | | | | | | | | | |
| cervical fluid type | | | | | | | | | | | | | | | | | | | | | | | | | | | | | | | | | | | |
| saliva ovulation | | | | | | | | | | | | | | | | | | | | | | | | | | | | | | | | | | | |
| urine ovulation | | | | | | | | | | | | | | | | | | | | | | | | | | | | | | | | | | | |

### Mark your chart as follows

Period/spotting: H-heavy M-medium L-light S-spotting          Saliva Ovulation: +/?/-

Cervical Fluid Type: W-watery D-dry S-sticky E-egg white          Urine Ovulation: +/?/-

Notes:

| | date | | | | | | | | | | | | | | | | | | | | | | | | | | | | | | | | | | | |
|---|---|---|---|---|---|---|---|---|---|---|---|---|---|---|---|---|---|---|---|---|---|---|---|---|---|---|---|---|---|---|---|---|---|---|---|---|---|
| | time | | | | | | | | | | | | | | | | | | | | | | | | | | | | | | | | | | | |

**Basal Body Temperature**

| C | F |
|---|---|
| 37,7 | 99.0 |
| 37,6 | 98.9 |
| 37,5 | 98.8 |
| 37,4 | 98.7 |
| 37,3 | 98.6 |
| 37,2 | 98.5 |
| 37,1 | 98.4 |
| 37,0 | 98.3 |
| 36,9 | 98.2 |
| 36,8 | 98.1 |
| 36,7 | 98.0 |
| 36,6 | 97.9 |
| 36,5 | 97.8 |
| 36,4 | 97.7 |
| 36,3 | 97.6 |
| 36,2 | 97.5 |
| 36,1 | 97.4 |
| 36,0 | 97.3 |
| 35,9 | 97.2 |
| 35,8 | 97.1 |
| 35,7 | 97.0 |
| 35,6 | 96.9 |
| 35,5 | 96.8 |
| 35,4 | 96.7 |

| cycle day | 1 | 2 | 3 | 4 | 5 | 6 | 7 | 8 | 9 | 10 | 11 | 12 | 13 | 14 | 15 | 16 | 17 | 18 | 19 | 20 | 21 | 22 | 23 | 24 | 25 | 26 | 27 | 28 | 29 | 30 | 31 | 32 | 33 | 34 | 35 |
|---|---|---|---|---|---|---|---|---|---|---|---|---|---|---|---|---|---|---|---|---|---|---|---|---|---|---|---|---|---|---|---|---|---|---|---|
| period/spotting | | | | | | | | | | | | | | | | | | | | | | | | | | | | | | | | | | | |
| cervical fluid type | | | | | | | | | | | | | | | | | | | | | | | | | | | | | | | | | | | |
| saliva ovulation | | | | | | | | | | | | | | | | | | | | | | | | | | | | | | | | | | | |
| urine ovulation | | | | | | | | | | | | | | | | | | | | | | | | | | | | | | | | | | | |

### Mark your chart as follows

Period/spotting: H-heavy M-medium L-light S-spotting    Saliva Ovulation: +/?/-

Cervical Fluid Type: W-watery D-dry S-sticky E-egg white    Urine Ovulation: +/?/-

Notes:

| | date | | | | | | | | | | | | | | | | | | | | | | | | | | | | | | | | | | |
|---|---|---|---|---|---|---|---|---|---|---|---|---|---|---|---|---|---|---|---|---|---|---|---|---|---|---|---|---|---|---|---|---|---|---|---|---|
| | time | | | | | | | | | | | | | | | | | | | | | | | | | | | | | | | | | | | |
| | C | F | | | | | | | | | | | | | | | | | | | | | | | | | | | | | | | | | | |
| | 37,7 | 99.0 | | | | | | | | | | | | | | | | | | | | | | | | | | | | | | | | | | |
| | 37,6 | 98.9 | | | | | | | | | | | | | | | | | | | | | | | | | | | | | | | | | | |
| | 37,5 | 98.8 | | | | | | | | | | | | | | | | | | | | | | | | | | | | | | | | | | |
| | 37,4 | 98.7 | | | | | | | | | | | | | | | | | | | | | | | | | | | | | | | | | | |
| | 37,3 | 98.6 | | | | | | | | | | | | | | | | | | | | | | | | | | | | | | | | | | |
| | 37,2 | 98.5 | | | | | | | | | | | | | | | | | | | | | | | | | | | | | | | | | | |
| | 37,1 | 98.4 | | | | | | | | | | | | | | | | | | | | | | | | | | | | | | | | | | |
| | 37,0 | 98.3 | | | | | | | | | | | | | | | | | | | | | | | | | | | | | | | | | | |
| | 36,9 | 98.2 | | | | | | | | | | | | | | | | | | | | | | | | | | | | | | | | | | |
| | 36,8 | 98.1 | | | | | | | | | | | | | | | | | | | | | | | | | | | | | | | | | | |
| | 36,7 | 98.0 | | | | | | | | | | | | | | | | | | | | | | | | | | | | | | | | | | |
| | 36,6 | 97.9 | | | | | | | | | | | | | | | | | | | | | | | | | | | | | | | | | | |
| | 36,5 | 97.8 | | | | | | | | | | | | | | | | | | | | | | | | | | | | | | | | | | |
| | 36,4 | 97.7 | | | | | | | | | | | | | | | | | | | | | | | | | | | | | | | | | | |
| | 36,3 | 97.6 | | | | | | | | | | | | | | | | | | | | | | | | | | | | | | | | | | |
| | 36,2 | 97.5 | | | | | | | | | | | | | | | | | | | | | | | | | | | | | | | | | | |
| | 36,1 | 97.4 | | | | | | | | | | | | | | | | | | | | | | | | | | | | | | | | | | |
| | 36,0 | 97.3 | | | | | | | | | | | | | | | | | | | | | | | | | | | | | | | | | | |
| | 35,9 | 97.2 | | | | | | | | | | | | | | | | | | | | | | | | | | | | | | | | | | |
| | 35,8 | 97.1 | | | | | | | | | | | | | | | | | | | | | | | | | | | | | | | | | | |
| | 35,7 | 97.0 | | | | | | | | | | | | | | | | | | | | | | | | | | | | | | | | | | |
| | 35,6 | 96.9 | | | | | | | | | | | | | | | | | | | | | | | | | | | | | | | | | | |
| | 35,5 | 96.8 | | | | | | | | | | | | | | | | | | | | | | | | | | | | | | | | | | |
| | 35,4 | 96.7 | | | | | | | | | | | | | | | | | | | | | | | | | | | | | | | | | | |

Basal Body Temperature

| cycle day | 1 | 2 | 3 | 4 | 5 | 6 | 7 | 8 | 9 | 10 | 11 | 12 | 13 | 14 | 15 | 16 | 17 | 18 | 19 | 20 | 21 | 22 | 23 | 24 | 25 | 26 | 27 | 28 | 29 | 30 | 31 | 32 | 33 | 34 | 35 |
|---|---|---|---|---|---|---|---|---|---|---|---|---|---|---|---|---|---|---|---|---|---|---|---|---|---|---|---|---|---|---|---|---|---|---|---|
| period/spotting | | | | | | | | | | | | | | | | | | | | | | | | | | | | | | | | | | | |
| cervical fluid type | | | | | | | | | | | | | | | | | | | | | | | | | | | | | | | | | | | |
| saliva ovulation | | | | | | | | | | | | | | | | | | | | | | | | | | | | | | | | | | | |
| urine ovulation | | | | | | | | | | | | | | | | | | | | | | | | | | | | | | | | | | | |

Mark your chart as follows

Period/spotting: H-heavy M-medium L-light S-spotting          Saliva Ovulation: +/?/-

Cervical Fluid Type: W-watery D-dry S-sticky E-egg white       Urine Ovulation: +/?/-

Notes:

| | date | | | | | | | | | | | | | | | | | | | | | | | | | | | | | | | | | | |
|---|---|---|---|---|---|---|---|---|---|---|---|---|---|---|---|---|---|---|---|---|---|---|---|---|---|---|---|---|---|---|---|---|---|---|---|---|
| | time | | | | | | | | | | | | | | | | | | | | | | | | | | | | | | | | | | |

| | C | F |
|---|---|---|
| | 37,7 | 99.0 |
| | 37,6 | 98.9 |
| | 37,5 | 98.8 |
| | 37,4 | 98.7 |
| | 37,3 | 98.6 |
| | 37,2 | 98.5 |
| | 37,1 | 98.4 |
| | 37,0 | 98.3 |
| | 36,9 | 98.2 |
| | 36,8 | 98.1 |
| | 36,7 | 98.0 |
| Basal Body Temperature | 36,6 | 97.9 |
| | 36,5 | 97.8 |
| | 36,4 | 97.7 |
| | 36,3 | 97.6 |
| | 36,2 | 97.5 |
| | 36,1 | 97.4 |
| | 36,0 | 97.3 |
| | 35,9 | 97.2 |
| | 35,8 | 97.1 |
| | 35,7 | 97.0 |
| | 35,6 | 96.9 |
| | 35,5 | 96.8 |
| | 35,4 | 96.7 |

| cycle day | 1 | 2 | 3 | 4 | 5 | 6 | 7 | 8 | 9 | 10 | 11 | 12 | 13 | 14 | 15 | 16 | 17 | 18 | 19 | 20 | 21 | 22 | 23 | 24 | 25 | 26 | 27 | 28 | 29 | 30 | 31 | 32 | 33 | 34 | 35 |
|---|---|---|---|---|---|---|---|---|---|---|---|---|---|---|---|---|---|---|---|---|---|---|---|---|---|---|---|---|---|---|---|---|---|---|---|
| period/spotting | | | | | | | | | | | | | | | | | | | | | | | | | | | | | | | | | | | |
| cervical fluid type | | | | | | | | | | | | | | | | | | | | | | | | | | | | | | | | | | | |
| saliva ovulation | | | | | | | | | | | | | | | | | | | | | | | | | | | | | | | | | | | |
| urine ovulation | | | | | | | | | | | | | | | | | | | | | | | | | | | | | | | | | | | |

Mark your chart as follows

Period/spotting: H-heavy M-medium L-light S-spotting    Saliva Ovulation: +/?/-

Cervical Fluid Type: W-watery D-dry S-sticky E-egg white    Urine Ovulation: +/?/-

Notes:

| date | | | | | | | | | | | | | | | | | | | | | | | | | | | | | | | | | | | |
|------|---|---|---|---|---|---|---|---|---|---|---|---|---|---|---|---|---|---|---|---|---|---|---|---|---|---|---|---|---|---|---|---|---|---|---|
| time | | | | | | | | | | | | | | | | | | | | | | | | | | | | | | | | | | | |

**Basal Body Temperature**

| C | F |
|------|------|
| 37,7 | 99.0 |
| 37,6 | 98.9 |
| 37,5 | 98.8 |
| 37,4 | 98.7 |
| 37,3 | 98.6 |
| 37,2 | 98.5 |
| 37,1 | 98.4 |
| 37,0 | 98.3 |
| 36,9 | 98.2 |
| 36,8 | 98.1 |
| 36,7 | 98.0 |
| 36,6 | 97.9 |
| 36,5 | 97.8 |
| 36,4 | 97.7 |
| 36,3 | 97.6 |
| 36,2 | 97.5 |
| 36,1 | 97.4 |
| 36,0 | 97.3 |
| 35,9 | 97.2 |
| 35,8 | 97.1 |
| 35,7 | 97.0 |
| 35,6 | 96.9 |
| 35,5 | 96.8 |
| 35,4 | 96.7 |

| cycle day | 1 | 2 | 3 | 4 | 5 | 6 | 7 | 8 | 9 | 10 | 11 | 12 | 13 | 14 | 15 | 16 | 17 | 18 | 19 | 20 | 21 | 22 | 23 | 24 | 25 | 26 | 27 | 28 | 29 | 30 | 31 | 32 | 33 | 34 | 35 |
|-----------|---|---|---|---|---|---|---|---|---|----|----|----|----|----|----|----|----|----|----|----|----|----|----|----|----|----|----|----|----|----|----|----|----|----|----|
| period/spotting | | | | | | | | | | | | | | | | | | | | | | | | | | | | | | | | | | | |
| cervical fluid type | | | | | | | | | | | | | | | | | | | | | | | | | | | | | | | | | | | |
| saliva ovulation | | | | | | | | | | | | | | | | | | | | | | | | | | | | | | | | | | | |
| urine ovulation | | | | | | | | | | | | | | | | | | | | | | | | | | | | | | | | | | | |

### Mark your chart as follows

Period/spotting: H-heavy M-medium L-light S-spotting    Saliva Ovulation: +/?/-

Cervical Fluid Type: W-watery D-dry S-sticky E-egg white    Urine Ovulation: +/?/-

Notes:

| | date | | | | | | | | | | | | | | | | | | | | | | | | | | | | | | | | | | | |
|---|---|---|---|---|---|---|---|---|---|---|---|---|---|---|---|---|---|---|---|---|---|---|---|---|---|---|---|---|---|---|---|---|---|---|---|---|---|
| | time | | | | | | | | | | | | | | | | | | | | | | | | | | | | | | | | | | | |

**Basal Body Temperature**

| C | F |
|---|---|
| 37,7 | 99.0 |
| 37,6 | 98.9 |
| 37,5 | 98.8 |
| 37,4 | 98.7 |
| 37,3 | 98.6 |
| 37,2 | 98.5 |
| 37,1 | 98.4 |
| 37,0 | 98.3 |
| 36,9 | 98.2 |
| 36,8 | 98.1 |
| 36,7 | 98.0 |
| 36,6 | 97.9 |
| 36,5 | 97.8 |
| 36,4 | 97.7 |
| 36,3 | 97.6 |
| 36,2 | 97.5 |
| 36,1 | 97.4 |
| 36,0 | 97.3 |
| 35,9 | 97.2 |
| 35,8 | 97.1 |
| 35,7 | 97.0 |
| 35,6 | 96.9 |
| 35,5 | 96.8 |
| 35,4 | 96.7 |

| cycle day | 1 | 2 | 3 | 4 | 5 | 6 | 7 | 8 | 9 | 10 | 11 | 12 | 13 | 14 | 15 | 16 | 17 | 18 | 19 | 20 | 21 | 22 | 23 | 24 | 25 | 26 | 27 | 28 | 29 | 30 | 31 | 32 | 33 | 34 | 35 |
|---|---|---|---|---|---|---|---|---|---|---|---|---|---|---|---|---|---|---|---|---|---|---|---|---|---|---|---|---|---|---|---|---|---|---|---|
| period/spotting | | | | | | | | | | | | | | | | | | | | | | | | | | | | | | | | | | | |
| cervical fluid type | | | | | | | | | | | | | | | | | | | | | | | | | | | | | | | | | | | |
| saliva ovulation | | | | | | | | | | | | | | | | | | | | | | | | | | | | | | | | | | | |
| urine ovulation | | | | | | | | | | | | | | | | | | | | | | | | | | | | | | | | | | | |

Mark your chart as follows

Period/spotting: H-heavy M-medium L-light S-spotting     Saliva Ovulation: +/?/-

Cervical Fluid Type: W-watery D-dry S-sticky E-egg white     Urine Ovulation: +/?/-

Notes:

|  | date | | | | | | | | | | | | | | | | | | | | | | | | | | | | | | | | | | |
|---|---|---|---|---|---|---|---|---|---|---|---|---|---|---|---|---|---|---|---|---|---|---|---|---|---|---|---|---|---|---|---|---|---|---|---|---|
|  | time | | | | | | | | | | | | | | | | | | | | | | | | | | | | | | | | | | |

Basal Body Temperature

| C | F |
|---|---|
| 37,7 | 99.0 |
| 37,6 | 98.9 |
| 37,5 | 98.8 |
| 37,4 | 98.7 |
| 37,3 | 98.6 |
| 37,2 | 98.5 |
| 37,1 | 98.4 |
| 37,0 | 98.3 |
| 36,9 | 98.2 |
| 36,8 | 98.1 |
| 36,7 | 98.0 |
| 36,6 | 97.9 |
| 36,5 | 97.8 |
| 36,4 | 97.7 |
| 36,3 | 97.6 |
| 36,2 | 97.5 |
| 36,1 | 97.4 |
| 36,0 | 97.3 |
| 35,9 | 97.2 |
| 35,8 | 97.1 |
| 35,7 | 97.0 |
| 35,6 | 96.9 |
| 35,5 | 96.8 |
| 35,4 | 96.7 |

| cycle day | 1 | 2 | 3 | 4 | 5 | 6 | 7 | 8 | 9 | 10 | 11 | 12 | 13 | 14 | 15 | 16 | 17 | 18 | 19 | 20 | 21 | 22 | 23 | 24 | 25 | 26 | 27 | 28 | 29 | 30 | 31 | 32 | 33 | 34 | 35 |
|---|---|---|---|---|---|---|---|---|---|---|---|---|---|---|---|---|---|---|---|---|---|---|---|---|---|---|---|---|---|---|---|---|---|---|---|
| period/spotting | | | | | | | | | | | | | | | | | | | | | | | | | | | | | | | | | | | |
| cervical fluid type | | | | | | | | | | | | | | | | | | | | | | | | | | | | | | | | | | | |
| saliva ovulation | | | | | | | | | | | | | | | | | | | | | | | | | | | | | | | | | | | |
| urine ovulation | | | | | | | | | | | | | | | | | | | | | | | | | | | | | | | | | | | |

### Mark your chart as follows

Period/spotting: H-heavy M-medium L-light S-spotting          Saliva Ovulation: +/?/-

Cervical Fluid Type: W-watery D-dry S-sticky E-egg white          Urine Ovulation: +/?/-

Notes:

| date | | | | | | | | | | | | | | | | | | | | | | | | | | | | | | | | | | | |
|------|---|---|---|---|---|---|---|---|---|---|---|---|---|---|---|---|---|---|---|---|---|---|---|---|---|---|---|---|---|---|---|---|---|---|---|
| time | | | | | | | | | | | | | | | | | | | | | | | | | | | | | | | | | | | |

| | C | F |
|---|---|---|
| **Basal Body Temperature** | 37,7 | 99.0 |
| | 37,6 | 98.9 |
| | 37,5 | 98.8 |
| | 37,4 | 98.7 |
| | 37,3 | 98.6 |
| | 37,2 | 98.5 |
| | 37,1 | 98.4 |
| | 37,0 | 98.3 |
| | 36,9 | 98.2 |
| | 36,8 | 98.1 |
| | 36,7 | 98.0 |
| | 36,6 | 97.9 |
| | 36,5 | 97.8 |
| | 36,4 | 97.7 |
| | 36,3 | 97.6 |
| | 36,2 | 97.5 |
| | 36,1 | 97.4 |
| | 36,0 | 97.3 |
| | 35,9 | 97.2 |
| | 35,8 | 97.1 |
| | 35,7 | 97.0 |
| | 35,6 | 96.9 |
| | 35,5 | 96.8 |
| | 35,4 | 96.7 |

| cycle day | 1 | 2 | 3 | 4 | 5 | 6 | 7 | 8 | 9 | 10 | 11 | 12 | 13 | 14 | 15 | 16 | 17 | 18 | 19 | 20 | 21 | 22 | 23 | 24 | 25 | 26 | 27 | 28 | 29 | 30 | 31 | 32 | 33 | 34 | 35 |
|---|---|---|---|---|---|---|---|---|---|---|---|---|---|---|---|---|---|---|---|---|---|---|---|---|---|---|---|---|---|---|---|---|---|---|---|
| period/spotting | | | | | | | | | | | | | | | | | | | | | | | | | | | | | | | | | | | |
| cervical fluid type | | | | | | | | | | | | | | | | | | | | | | | | | | | | | | | | | | | |
| saliva ovulation | | | | | | | | | | | | | | | | | | | | | | | | | | | | | | | | | | | |
| urine ovulation | | | | | | | | | | | | | | | | | | | | | | | | | | | | | | | | | | | |

### Mark your chart as follows

Period/spotting: H-heavy M-medium L-light S-spotting

Cervical Fluid Type: W-watery D-dry S-sticky E-egg white

Saliva Ovulation: +/?/-

Urine Ovulation: +/?/-

Notes:

| date | | | | | | | | | | | | | | | | | | | | | | | | | | | | | | | | | | | | |
|---|---|---|---|---|---|---|---|---|---|---|---|---|---|---|---|---|---|---|---|---|---|---|---|---|---|---|---|---|---|---|---|---|---|---|---|---|
| time | | | | | | | | | | | | | | | | | | | | | | | | | | | | | | | | | | | | | |

| | C | F | | | | | | | | | | | | | | | | | | | | | | | | | | | | | | | | | | | | |
|---|---|---|---|---|---|---|---|---|---|---|---|---|---|---|---|---|---|---|---|---|---|---|---|---|---|---|---|---|---|---|---|---|---|---|---|---|---|---|
| | 37,7 | 99.0 | | | | | | | | | | | | | | | | | | | | | | | | | | | | | | | | | | | | |
| | 37,6 | 98.9 | | | | | | | | | | | | | | | | | | | | | | | | | | | | | | | | | | | | |
| | 37,5 | 98.8 | | | | | | | | | | | | | | | | | | | | | | | | | | | | | | | | | | | | |
| | 37,4 | 98.7 | | | | | | | | | | | | | | | | | | | | | | | | | | | | | | | | | | | | |
| | 37,3 | 98.6 | | | | | | | | | | | | | | | | | | | | | | | | | | | | | | | | | | | | |
| | 37,2 | 98.5 | | | | | | | | | | | | | | | | | | | | | | | | | | | | | | | | | | | | |
| | 37,1 | 98.4 | | | | | | | | | | | | | | | | | | | | | | | | | | | | | | | | | | | | |
| | 37,0 | 98.3 | | | | | | | | | | | | | | | | | | | | | | | | | | | | | | | | | | | | |
| | 36,9 | 98.2 | | | | | | | | | | | | | | | | | | | | | | | | | | | | | | | | | | | | |
| | 36,8 | 98.1 | | | | | | | | | | | | | | | | | | | | | | | | | | | | | | | | | | | | |
| | 36,7 | 98.0 | | | | | | | | | | | | | | | | | | | | | | | | | | | | | | | | | | | | |
| | 36,6 | 97.9 | | | | | | | | | | | | | | | | | | | | | | | | | | | | | | | | | | | | |
| | 36,5 | 97.8 | | | | | | | | | | | | | | | | | | | | | | | | | | | | | | | | | | | | |
| | 36,4 | 97.7 | | | | | | | | | | | | | | | | | | | | | | | | | | | | | | | | | | | | |
| | 36,3 | 97.6 | | | | | | | | | | | | | | | | | | | | | | | | | | | | | | | | | | | | |
| | 36,2 | 97.5 | | | | | | | | | | | | | | | | | | | | | | | | | | | | | | | | | | | | |
| | 36,1 | 97.4 | | | | | | | | | | | | | | | | | | | | | | | | | | | | | | | | | | | | |
| | 36,0 | 97.3 | | | | | | | | | | | | | | | | | | | | | | | | | | | | | | | | | | | | |
| | 35,9 | 97.2 | | | | | | | | | | | | | | | | | | | | | | | | | | | | | | | | | | | | |
| | 35,8 | 97.1 | | | | | | | | | | | | | | | | | | | | | | | | | | | | | | | | | | | | |
| | 35,7 | 97.0 | | | | | | | | | | | | | | | | | | | | | | | | | | | | | | | | | | | | |
| | 35,6 | 96.9 | | | | | | | | | | | | | | | | | | | | | | | | | | | | | | | | | | | | |
| | 35,5 | 96.8 | | | | | | | | | | | | | | | | | | | | | | | | | | | | | | | | | | | | |
| | 35,4 | 96.7 | | | | | | | | | | | | | | | | | | | | | | | | | | | | | | | | | | | | |

Basal Body Temperature

| cycle day | 1 | 2 | 3 | 4 | 5 | 6 | 7 | 8 | 9 | 10 | 11 | 12 | 13 | 14 | 15 | 16 | 17 | 18 | 19 | 20 | 21 | 22 | 23 | 24 | 25 | 26 | 27 | 28 | 29 | 30 | 31 | 32 | 33 | 34 | 35 |
|---|---|---|---|---|---|---|---|---|---|---|---|---|---|---|---|---|---|---|---|---|---|---|---|---|---|---|---|---|---|---|---|---|---|---|---|
| period/spotting | | | | | | | | | | | | | | | | | | | | | | | | | | | | | | | | | | | |
| cervical fluid type | | | | | | | | | | | | | | | | | | | | | | | | | | | | | | | | | | | |
| saliva ovulation | | | | | | | | | | | | | | | | | | | | | | | | | | | | | | | | | | | |
| urine ovulation | | | | | | | | | | | | | | | | | | | | | | | | | | | | | | | | | | | |

### Mark your chart as follows

Period/spotting: H-heavy M-medium L-light S-spotting          Saliva Ovulation: +/?/-

Cervical Fluid Type: W-watery D-dry S-sticky E-egg white       Urine Ovulation: +/?/-

Notes:

| date | | | | | | | | | | | | | | | | | | | | | | | | | | | | | | | | | | | | |
|---|---|---|---|---|---|---|---|---|---|---|---|---|---|---|---|---|---|---|---|---|---|---|---|---|---|---|---|---|---|---|---|---|---|---|---|---|
| **time** | | | | | | | | | | | | | | | | | | | | | | | | | | | | | | | | | | | | |

**Basal Body Temperature**

| C | F |
|---|---|
| 37,7 | 99.0 |
| 37,6 | 98.9 |
| 37,5 | 98.8 |
| 37,4 | 98.7 |
| 37,3 | 98.6 |
| 37,2 | 98.5 |
| 37,1 | 98.4 |
| 37,0 | 98.3 |
| 36,9 | 98.2 |
| 36,8 | 98.1 |
| 36,7 | 98.0 |
| 36,6 | 97.9 |
| 36,5 | 97.8 |
| 36,4 | 97.7 |
| 36,3 | 97.6 |
| 36,2 | 97.5 |
| 36,1 | 97.4 |
| 36,0 | 97.3 |
| 35,9 | 97.2 |
| 35,8 | 97.1 |
| 35,7 | 97.0 |
| 35,6 | 96.9 |
| 35,5 | 96.8 |
| 35,4 | 96.7 |

| cycle day | 1 | 2 | 3 | 4 | 5 | 6 | 7 | 8 | 9 | 10 | 11 | 12 | 13 | 14 | 15 | 16 | 17 | 18 | 19 | 20 | 21 | 22 | 23 | 24 | 25 | 26 | 27 | 28 | 29 | 30 | 31 | 32 | 33 | 34 | 35 |
|---|---|---|---|---|---|---|---|---|---|---|---|---|---|---|---|---|---|---|---|---|---|---|---|---|---|---|---|---|---|---|---|---|---|---|---|
| period/spotting | | | | | | | | | | | | | | | | | | | | | | | | | | | | | | | | | | | |
| cervical fluid type | | | | | | | | | | | | | | | | | | | | | | | | | | | | | | | | | | | |
| saliva ovulation | | | | | | | | | | | | | | | | | | | | | | | | | | | | | | | | | | | |
| urine ovulation | | | | | | | | | | | | | | | | | | | | | | | | | | | | | | | | | | | |

### Mark your chart as follows

Period/spotting: H-heavy M-medium L-light S-spotting     Saliva Ovulation: +/?/-

Cervical Fluid Type: W-watery D-dry S-sticky E-egg white     Urine Ovulation: +/?/-

Notes:

| | date | | | | | | | | | | | | | | | | | | | | | | | | | | | | | | | | | | | |
|---|---|---|---|---|---|---|---|---|---|---|---|---|---|---|---|---|---|---|---|---|---|---|---|---|---|---|---|---|---|---|---|---|---|---|---|---|
| | time | | | | | | | | | | | | | | | | | | | | | | | | | | | | | | | | | | | |

| Basal Eody Temperature | C | F | | | | | | | | | | | | | | | | | | | | | | | | | | | | | | | | | | |
|---|---|---|---|---|---|---|---|---|---|---|---|---|---|---|---|---|---|---|---|---|---|---|---|---|---|---|---|---|---|---|---|---|---|---|---|---|
| | 37,7 | 99.0 | | | | | | | | | | | | | | | | | | | | | | | | | | | | | | | | | | |
| | 37,6 | 98.9 | | | | | | | | | | | | | | | | | | | | | | | | | | | | | | | | | | |
| | 37,5 | 98.8 | | | | | | | | | | | | | | | | | | | | | | | | | | | | | | | | | | |
| | 37,4 | 98.7 | | | | | | | | | | | | | | | | | | | | | | | | | | | | | | | | | | |
| | 37,3 | 98.6 | | | | | | | | | | | | | | | | | | | | | | | | | | | | | | | | | | |
| | 37,2 | 98.5 | | | | | | | | | | | | | | | | | | | | | | | | | | | | | | | | | | |
| | 37,1 | 98.4 | | | | | | | | | | | | | | | | | | | | | | | | | | | | | | | | | | |
| | 37,0 | 98.3 | | | | | | | | | | | | | | | | | | | | | | | | | | | | | | | | | | |
| | 36,9 | 98.2 | | | | | | | | | | | | | | | | | | | | | | | | | | | | | | | | | | |
| | 36,8 | 98.1 | | | | | | | | | | | | | | | | | | | | | | | | | | | | | | | | | | |
| | 36,7 | 98.0 | | | | | | | | | | | | | | | | | | | | | | | | | | | | | | | | | | |
| | 36,6 | 97.9 | | | | | | | | | | | | | | | | | | | | | | | | | | | | | | | | | | |
| | 36,5 | 97.8 | | | | | | | | | | | | | | | | | | | | | | | | | | | | | | | | | | |
| | 36,4 | 97.7 | | | | | | | | | | | | | | | | | | | | | | | | | | | | | | | | | | |
| | 36,3 | 97.6 | | | | | | | | | | | | | | | | | | | | | | | | | | | | | | | | | | |
| | 36,2 | 97.5 | | | | | | | | | | | | | | | | | | | | | | | | | | | | | | | | | | |
| | 36,1 | 97.4 | | | | | | | | | | | | | | | | | | | | | | | | | | | | | | | | | | |
| | 36,0 | 97.3 | | | | | | | | | | | | | | | | | | | | | | | | | | | | | | | | | | |
| | 35,9 | 97.2 | | | | | | | | | | | | | | | | | | | | | | | | | | | | | | | | | | |
| | 35,8 | 97.1 | | | | | | | | | | | | | | | | | | | | | | | | | | | | | | | | | | |
| | 35,7 | 97.0 | | | | | | | | | | | | | | | | | | | | | | | | | | | | | | | | | | |
| | 35,6 | 96.9 | | | | | | | | | | | | | | | | | | | | | | | | | | | | | | | | | | |
| | 35,5 | 96.8 | | | | | | | | | | | | | | | | | | | | | | | | | | | | | | | | | | |
| | 35,4 | 96.7 | | | | | | | | | | | | | | | | | | | | | | | | | | | | | | | | | | |

| cycle day | 1 | 2 | 3 | 4 | 5 | 6 | 7 | 8 | 9 | 10 | 11 | 12 | 13 | 14 | 15 | 16 | 17 | 18 | 19 | 20 | 21 | 22 | 23 | 24 | 25 | 26 | 27 | 28 | 29 | 30 | 31 | 32 | 33 | 34 | 35 |
|---|---|---|---|---|---|---|---|---|---|---|---|---|---|---|---|---|---|---|---|---|---|---|---|---|---|---|---|---|---|---|---|---|---|---|---|
| period/spotting | | | | | | | | | | | | | | | | | | | | | | | | | | | | | | | | | | | |
| cervical fluid type | | | | | | | | | | | | | | | | | | | | | | | | | | | | | | | | | | | |
| saliva ovulation | | | | | | | | | | | | | | | | | | | | | | | | | | | | | | | | | | | |
| urine ovulation | | | | | | | | | | | | | | | | | | | | | | | | | | | | | | | | | | | |

### Mark your chart as follows

Period/spotting: H-heavy M-medium L-light S-spotting          Saliva Ovulation: +/?/-

Cervical Fluid Type: W-watery D-dry S-sticky E-egg white          Urine Ovulation: +/?/-

Notes:

| date | | | | | | | | | | | | | | | | | | | | | | | | | | | | | | | | | | | | |
|---|---|---|---|---|---|---|---|---|---|---|---|---|---|---|---|---|---|---|---|---|---|---|---|---|---|---|---|---|---|---|---|---|---|---|---|---|
| time | | | | | | | | | | | | | | | | | | | | | | | | | | | | | | | | | | | | | |

**Basal Body Temperature**

| C | F |
|---|---|
| 37,7 | 99.0 |
| 37,6 | 98.9 |
| 37,5 | 98.8 |
| 37,4 | 98.7 |
| 37,3 | 98.6 |
| 37,2 | 98.5 |
| 37,1 | 98.4 |
| 37,0 | 98.3 |
| 36,9 | 98.2 |
| 36,8 | 98.1 |
| 36,7 | 98.0 |
| 36,6 | 97.9 |
| 36,5 | 97.8 |
| 36,4 | 97.7 |
| 36,3 | 97.6 |
| 36,2 | 97.5 |
| 36,1 | 97.4 |
| 36,0 | 97.3 |
| 35,9 | 97.2 |
| 35,8 | 97.1 |
| 35,7 | 97.0 |
| 35,6 | 96.9 |
| 35,5 | 96.8 |
| 35,4 | 96.7 |

| cycle day | 1 | 2 | 3 | 4 | 5 | 6 | 7 | 8 | 9 | 10 | 11 | 12 | 13 | 14 | 15 | 16 | 17 | 18 | 19 | 20 | 21 | 22 | 23 | 24 | 25 | 26 | 27 | 28 | 29 | 30 | 31 | 32 | 33 | 34 | 35 |
|---|---|---|---|---|---|---|---|---|---|---|---|---|---|---|---|---|---|---|---|---|---|---|---|---|---|---|---|---|---|---|---|---|---|---|---|
| period/spotting | | | | | | | | | | | | | | | | | | | | | | | | | | | | | | | | | | | |
| cervical fluid type | | | | | | | | | | | | | | | | | | | | | | | | | | | | | | | | | | | |
| saliva ovulation | | | | | | | | | | | | | | | | | | | | | | | | | | | | | | | | | | | |
| urine ovulation | | | | | | | | | | | | | | | | | | | | | | | | | | | | | | | | | | | |

Mark your chart as follows

Period/spotting: H-heavy M-medium L-light S-spotting     Saliva Ovulation: +/?/-

Cervical Fluid Type: W-watery D-dry S-sticky E-egg white     Urine Ovulation: +/?/-

Notes:

| date | | | | | | | | | | | | | | | | | | | | | | | | | | | | | | | | | | | | |
|---|---|---|---|---|---|---|---|---|---|---|---|---|---|---|---|---|---|---|---|---|---|---|---|---|---|---|---|---|---|---|---|---|---|---|---|---|
| **time** | | | | | | | | | | | | | | | | | | | | | | | | | | | | | | | | | | | | | |

| C | F |
|---|---|
| 37,7 | 99.0 |
| 37,6 | 98.9 |
| 37,5 | 98.8 |
| 37,4 | 98.7 |
| 37,3 | 98.6 |
| 37,2 | 98.5 |
| 37,1 | 98.4 |
| 37,0 | 98.3 |
| 36,9 | 98.2 |
| 36,8 | 98.1 |
| 36,7 | 98.0 |
| 36,6 | 97.9 |
| 36,5 | 97.8 |
| 36,4 | 97.7 |
| 36,3 | 97.6 |
| 36,2 | 97.5 |
| 36,1 | 97.4 |
| 36,0 | 97.3 |
| 35,9 | 97.2 |
| 35,8 | 97.1 |
| 35,7 | 97.0 |
| 35,6 | 96.9 |
| 35,5 | 96.8 |
| 35,4 | 96.7 |

Basal Body Temperature

| cycle day | 1 | 2 | 3 | 4 | 5 | 6 | 7 | 8 | 9 | 10 | 11 | 12 | 13 | 14 | 15 | 16 | 17 | 18 | 19 | 20 | 21 | 22 | 23 | 24 | 25 | 26 | 27 | 28 | 29 | 30 | 31 | 32 | 33 | 34 | 35 |
|---|---|---|---|---|---|---|---|---|---|---|---|---|---|---|---|---|---|---|---|---|---|---|---|---|---|---|---|---|---|---|---|---|---|---|---|
| period/spotting | | | | | | | | | | | | | | | | | | | | | | | | | | | | | | | | | | | |
| cervical fluid type | | | | | | | | | | | | | | | | | | | | | | | | | | | | | | | | | | | |
| saliva ovulation | | | | | | | | | | | | | | | | | | | | | | | | | | | | | | | | | | | |
| urine ovulation | | | | | | | | | | | | | | | | | | | | | | | | | | | | | | | | | | | |

### Mark your chart as follows

Period/spotting: H-heavy M-medium L-light S-spotting          Saliva Ovulation: +/?/-

Cervical Fluid Type: W-watery D-dry S-sticky E-egg white          Urine Ovulation: +/?/-

Notes:

| date | | | | | | | | | | | | | | | | | | | | | | | | | | | | | | | | | | | |
|------|--|--|--|--|--|--|--|--|--|--|--|--|--|--|--|--|--|--|--|--|--|--|--|--|--|--|--|--|--|--|--|--|--|--|--|
| time | | | | | | | | | | | | | | | | | | | | | | | | | | | | | | | | | | | |

| | C | F |
|---|------|------|
| | 37,7 | 99.0 |
| | 37,6 | 98.9 |
| | 37,5 | 98.8 |
| | 37,4 | 98.7 |
| | 37,3 | 98.6 |
| | 37,2 | 98.5 |
| | 37,1 | 98.4 |
| | 37,0 | 98.3 |
| | 36,9 | 98.2 |
| | 36,8 | 98.1 |
| | 36,7 | 98.0 |
| | 36,6 | 97.9 |
| | 36,5 | 97.8 |
| | 36,4 | 97.7 |
| | 36,3 | 97.6 |
| | 36,2 | 97.5 |
| | 36,1 | 97.4 |
| | 36,0 | 97.3 |
| | 35,9 | 97.2 |
| | 35,8 | 97.1 |
| | 35,7 | 97.0 |
| | 35,6 | 96.9 |
| | 35,5 | 96.8 |
| | 35,4 | 96.7 |

Basal Body Temperature

| cycle day | 1 | 2 | 3 | 4 | 5 | 6 | 7 | 8 | 9 | 10 | 11 | 12 | 13 | 14 | 15 | 16 | 17 | 18 | 19 | 20 | 21 | 22 | 23 | 24 | 25 | 26 | 27 | 28 | 29 | 30 | 31 | 32 | 33 | 34 | 35 |
|-----------|---|---|---|---|---|---|---|---|---|----|----|----|----|----|----|----|----|----|----|----|----|----|----|----|----|----|----|----|----|----|----|----|----|----|----|
| period/spotting | | | | | | | | | | | | | | | | | | | | | | | | | | | | | | | | | | | |
| cervical fluid type | | | | | | | | | | | | | | | | | | | | | | | | | | | | | | | | | | | |
| saliva ovulation | | | | | | | | | | | | | | | | | | | | | | | | | | | | | | | | | | | |
| urine ovulation | | | | | | | | | | | | | | | | | | | | | | | | | | | | | | | | | | | |

Mark your chart as follows

Period/spotting: H-heavy M-medium L-light S-spotting    Saliva Ovulation: +/?/-
Cervical Fluid Type: W-watery D-dry S-sticky E-egg white    Urine Ovulation: +/?/-

Notes:

| | date | | | | | | | | | | | | | | | | | | | | | | | | | | | | | | | | | | |
|---|---|---|---|---|---|---|---|---|---|---|---|---|---|---|---|---|---|---|---|---|---|---|---|---|---|---|---|---|---|---|---|---|---|---|---|
| | time | | | | | | | | | | | | | | | | | | | | | | | | | | | | | | | | | | |

**Basal Body Temperature**

| C | F |
|---|---|
| 37,7 | 99.0 |
| 37,6 | 98.9 |
| 37,5 | 98.8 |
| 37,4 | 98.7 |
| 37,3 | 98.6 |
| 37,2 | 98.5 |
| 37,1 | 98.4 |
| 37,0 | 98.3 |
| 36,9 | 98.2 |
| 36,8 | 98.1 |
| 36,7 | 98.0 |
| 36,6 | 97.9 |
| 36,5 | 97.8 |
| 36,4 | 97.7 |
| 36,3 | 97.6 |
| 36,2 | 97.5 |
| 36,1 | 97.4 |
| 36,0 | 97.3 |
| 35,9 | 97.2 |
| 35,8 | 97.1 |
| 35,7 | 97.0 |
| 35,6 | 96.9 |
| 35,5 | 96.8 |
| 35,4 | 96.7 |

| cycle day | 1 | 2 | 3 | 4 | 5 | 6 | 7 | 8 | 9 | 10 | 11 | 12 | 13 | 14 | 15 | 16 | 17 | 18 | 19 | 20 | 21 | 22 | 23 | 24 | 25 | 26 | 27 | 28 | 29 | 30 | 31 | 32 | 33 | 34 | 35 |
|---|---|---|---|---|---|---|---|---|---|---|---|---|---|---|---|---|---|---|---|---|---|---|---|---|---|---|---|---|---|---|---|---|---|---|---|
| period/spotting | | | | | | | | | | | | | | | | | | | | | | | | | | | | | | | | | | | |
| cervical fluid type | | | | | | | | | | | | | | | | | | | | | | | | | | | | | | | | | | | |
| saliva ovulation | | | | | | | | | | | | | | | | | | | | | | | | | | | | | | | | | | | |
| urine ovulation | | | | | | | | | | | | | | | | | | | | | | | | | | | | | | | | | | | |

Mark your chart as follows

Period/spotting: H-heavy M-medium L-light S-spotting    Saliva Ovulation: +/?/-

Cervical Fluid Type: W-watery D-dry S-sticky E-egg white    Urine Ovulation: +/?/-

Notes:

| | | date | | | | | | | | | | | | | | | | | | | | | | | | | | | | | | | | | | | |
|---|---|---|---|---|---|---|---|---|---|---|---|---|---|---|---|---|---|---|---|---|---|---|---|---|---|---|---|---|---|---|---|---|---|---|---|---|---|
| | | time | | | | | | | | | | | | | | | | | | | | | | | | | | | | | | | | | | | |

| | C | F |
|---|---|---|
| | 37,7 | 99.0 |
| | 37,6 | 98.9 |
| | 37,5 | 98.8 |
| | 37,4 | 98.7 |
| | 37,3 | 98.6 |
| | 37,2 | 98.5 |
| | 37,1 | 98.4 |
| | 37,0 | 98.3 |
| Basal Body Temperature | 36,9 | 98.2 |
| | 36,8 | 98.1 |
| | 36,7 | 98.0 |
| | 36,6 | 97.9 |
| | 36,5 | 97.8 |
| | 36,4 | 97.7 |
| | 36,3 | 97.6 |
| | 36,2 | 97.5 |
| | 36,1 | 97.4 |
| | 36,0 | 97.3 |
| | 35,9 | 97.2 |
| | 35,8 | 97.1 |
| | 35,7 | 97.0 |
| | 35,6 | 96.9 |
| | 35,5 | 96.8 |
| | 35,4 | 96.7 |

| cycle day | 1 | 2 | 3 | 4 | 5 | 6 | 7 | 8 | 9 | 10 | 11 | 12 | 13 | 14 | 15 | 16 | 17 | 18 | 19 | 20 | 21 | 22 | 23 | 24 | 25 | 26 | 27 | 28 | 29 | 30 | 31 | 32 | 33 | 34 | 35 |
|---|---|---|---|---|---|---|---|---|---|---|---|---|---|---|---|---|---|---|---|---|---|---|---|---|---|---|---|---|---|---|---|---|---|---|---|
| period/spotting | | | | | | | | | | | | | | | | | | | | | | | | | | | | | | | | | | | |
| cervical fluid type | | | | | | | | | | | | | | | | | | | | | | | | | | | | | | | | | | | |
| saliva ovulation | | | | | | | | | | | | | | | | | | | | | | | | | | | | | | | | | | | |
| urine ovulation | | | | | | | | | | | | | | | | | | | | | | | | | | | | | | | | | | | |

Mark your chart as follows

Period/spotting: H-heavy M-medium L-light S-spotting       Saliva Ovulation: +/?/-

Cervical Fluid Type: W-watery D-dry S-sticky E-egg white       Urine Ovulation: +/?/-

Notes:

| | date | |
|---|---|---|
| | time | |

| Basal Body Temperature | C | F | 1 | 2 | 3 | 4 | 5 | 6 | 7 | 8 | 9 | 10 | 11 | 12 | 13 | 14 | 15 | 16 | 17 | 18 | 19 | 20 | 21 | 22 | 23 | 24 | 25 | 26 | 27 | 28 | 29 | 30 | 31 | 32 | 33 | 34 | 35 |
|---|---|---|---|---|---|---|---|---|---|---|---|---|---|---|---|---|---|---|---|---|---|---|---|---|---|---|---|---|---|---|---|---|---|---|---|---|---|
| | 37,7 | 99.0 | | | | | | | | | | | | | | | | | | | | | | | | | | | | | | | | | | | | |
| | 37,6 | 98.9 | | | | | | | | | | | | | | | | | | | | | | | | | | | | | | | | | | | | |
| | 37,5 | 98.8 | | | | | | | | | | | | | | | | | | | | | | | | | | | | | | | | | | | | |
| | 37,4 | 98.7 | | | | | | | | | | | | | | | | | | | | | | | | | | | | | | | | | | | | |
| | 37,3 | 98.6 | | | | | | | | | | | | | | | | | | | | | | | | | | | | | | | | | | | | |
| | 37,2 | 98.5 | | | | | | | | | | | | | | | | | | | | | | | | | | | | | | | | | | | | |
| | 37,1 | 98.4 | | | | | | | | | | | | | | | | | | | | | | | | | | | | | | | | | | | | |
| | 37,0 | 98.3 | | | | | | | | | | | | | | | | | | | | | | | | | | | | | | | | | | | | |
| | 36,9 | 98.2 | | | | | | | | | | | | | | | | | | | | | | | | | | | | | | | | | | | | |
| | 36,8 | 98.1 | | | | | | | | | | | | | | | | | | | | | | | | | | | | | | | | | | | | |
| | 36,7 | 98.0 | | | | | | | | | | | | | | | | | | | | | | | | | | | | | | | | | | | | |
| | 36,6 | 97.9 | | | | | | | | | | | | | | | | | | | | | | | | | | | | | | | | | | | | |
| | 36,5 | 97.8 | | | | | | | | | | | | | | | | | | | | | | | | | | | | | | | | | | | | |
| | 36,4 | 97.7 | | | | | | | | | | | | | | | | | | | | | | | | | | | | | | | | | | | | |
| | 36,3 | 97.6 | | | | | | | | | | | | | | | | | | | | | | | | | | | | | | | | | | | | |
| | 36,2 | 97.5 | | | | | | | | | | | | | | | | | | | | | | | | | | | | | | | | | | | | |
| | 36,1 | 97.4 | | | | | | | | | | | | | | | | | | | | | | | | | | | | | | | | | | | | |
| | 36,0 | 97.3 | | | | | | | | | | | | | | | | | | | | | | | | | | | | | | | | | | | | |
| | 35,9 | 97.2 | | | | | | | | | | | | | | | | | | | | | | | | | | | | | | | | | | | | |
| | 35,8 | 97.1 | | | | | | | | | | | | | | | | | | | | | | | | | | | | | | | | | | | | |
| | 35,7 | 97.0 | | | | | | | | | | | | | | | | | | | | | | | | | | | | | | | | | | | | |
| | 35,6 | 96.9 | | | | | | | | | | | | | | | | | | | | | | | | | | | | | | | | | | | | |
| | 35,5 | 96.8 | | | | | | | | | | | | | | | | | | | | | | | | | | | | | | | | | | | | |
| | 35,4 | 96.7 | | | | | | | | | | | | | | | | | | | | | | | | | | | | | | | | | | | | |

| cycle day | 1 | 2 | 3 | 4 | 5 | 6 | 7 | 8 | 9 | 10 | 11 | 12 | 13 | 14 | 15 | 16 | 17 | 18 | 19 | 20 | 21 | 22 | 23 | 24 | 25 | 26 | 27 | 28 | 29 | 30 | 31 | 32 | 33 | 34 | 35 |
|---|---|---|---|---|---|---|---|---|---|---|---|---|---|---|---|---|---|---|---|---|---|---|---|---|---|---|---|---|---|---|---|---|---|---|---|
| period/spotting | | | | | | | | | | | | | | | | | | | | | | | | | | | | | | | | | | | |
| cervical fluid type | | | | | | | | | | | | | | | | | | | | | | | | | | | | | | | | | | | |
| saliva ovulation | | | | | | | | | | | | | | | | | | | | | | | | | | | | | | | | | | | |
| urine ovulation | | | | | | | | | | | | | | | | | | | | | | | | | | | | | | | | | | | |

### Mark your chart as follows

Period/spotting: H-heavy M-medium L-light S-spotting     Saliva Ovulation: +/?/-

Cervical Fluid Type: W-watery D-dry S-sticky E-egg white     Urine Ovulation: +/?/-

Notes:

| | date | | | | | | | | | | | | | | | | | | | | | | | | | | | | | | | | | | | | |
|---|---|---|---|---|---|---|---|---|---|---|---|---|---|---|---|---|---|---|---|---|---|---|---|---|---|---|---|---|---|---|---|---|---|---|---|---|---|
| | time | | | | | | | | | | | | | | | | | | | | | | | | | | | | | | | | | | | | | |

| | C | F |
|---|---|---|
| | 37,7 | 99.0 |
| | 37,6 | 98.9 |
| | 37,5 | 98.8 |
| | 37,4 | 98.7 |
| | 37,3 | 98.6 |
| | 37,2 | 98.5 |
| | 37,1 | 98.4 |
| | 37,0 | 98.3 |
| | 36,9 | 98.2 |
| | 36,8 | 98.1 |
| Basal Body Temperature | 36,7 | 98.0 |
| | 36,6 | 97.9 |
| | 36,5 | 97.8 |
| | 36,4 | 97.7 |
| | 36,3 | 97.6 |
| | 36,2 | 97.5 |
| | 36,1 | 97.4 |
| | 36,0 | 97.3 |
| | 35,9 | 97.2 |
| | 35,8 | 97.1 |
| | 35,7 | 97.0 |
| | 35,6 | 96.9 |
| | 35,5 | 96.8 |
| | 35,4 | 96.7 |

| cycle day | 1 | 2 | 3 | 4 | 5 | 6 | 7 | 8 | 9 | 10 | 11 | 12 | 13 | 14 | 15 | 16 | 17 | 18 | 19 | 20 | 21 | 22 | 23 | 24 | 25 | 26 | 27 | 28 | 29 | 30 | 31 | 32 | 33 | 34 | 35 |
|---|---|---|---|---|---|---|---|---|---|---|---|---|---|---|---|---|---|---|---|---|---|---|---|---|---|---|---|---|---|---|---|---|---|---|---|
| period/spotting | | | | | | | | | | | | | | | | | | | | | | | | | | | | | | | | | | | |
| cervical fluid type | | | | | | | | | | | | | | | | | | | | | | | | | | | | | | | | | | | |
| saliva ovulation | | | | | | | | | | | | | | | | | | | | | | | | | | | | | | | | | | | |
| urine ovulation | | | | | | | | | | | | | | | | | | | | | | | | | | | | | | | | | | | |

### Mark your chart as follows

Period/spotting: H-heavy M-medium L-light S-spotting        Saliva Ovulation: +/?/-

Cervical Fluid Type: W-watery D-dry S-sticky E-egg white        Urine Ovulation: +/?/-

Notes:

|  | date | | | | | | | | | | | | | | | | | | | | | | | | | | | | | | | | | | | |
|---|---|---|---|---|---|---|---|---|---|---|---|---|---|---|---|---|---|---|---|---|---|---|---|---|---|---|---|---|---|---|---|---|---|---|---|---|
|  | time | | | | | | | | | | | | | | | | | | | | | | | | | | | | | | | | | | | |

Basal Body Temperature

| C | F |
|---|---|
| 37,7 | 99.0 |
| 37,6 | 98.9 |
| 37,5 | 98.8 |
| 37,4 | 98.7 |
| 37,3 | 98.6 |
| 37,2 | 98.5 |
| 37,1 | 98.4 |
| 37,0 | 98.3 |
| 36,9 | 98.2 |
| 36,8 | 98.1 |
| 36,7 | 98.0 |
| 36,6 | 97.9 |
| 36,5 | 97.8 |
| 36,4 | 97.7 |
| 36,3 | 97.6 |
| 36,2 | 97.5 |
| 36,1 | 97.4 |
| 36,0 | 97.3 |
| 35,9 | 97.2 |
| 35,8 | 97.1 |
| 35,7 | 97.0 |
| 35,6 | 96.9 |
| 35,5 | 96.8 |
| 35,4 | 96.7 |

| cycle day | 1 | 2 | 3 | 4 | 5 | 6 | 7 | 8 | 9 | 10 | 11 | 12 | 13 | 14 | 15 | 16 | 17 | 18 | 19 | 20 | 21 | 22 | 23 | 24 | 25 | 26 | 27 | 28 | 29 | 30 | 31 | 32 | 33 | 34 | 35 |
|---|---|---|---|---|---|---|---|---|---|---|---|---|---|---|---|---|---|---|---|---|---|---|---|---|---|---|---|---|---|---|---|---|---|---|---|
| period/spotting | | | | | | | | | | | | | | | | | | | | | | | | | | | | | | | | | | | |
| cervical fluid type | | | | | | | | | | | | | | | | | | | | | | | | | | | | | | | | | | | |
| saliva ovulation | | | | | | | | | | | | | | | | | | | | | | | | | | | | | | | | | | | |
| urine ovulation | | | | | | | | | | | | | | | | | | | | | | | | | | | | | | | | | | | |

Mark your chart as follows

Period/spotting: H-heavy M-medium L-light S-spotting       Saliva Ovulation: +/?/-

Cervical Fluid Type: W-watery D-dry S-sticky E-egg white       Urine Ovulation: +/?/-

Notes:

| | date | | | | | | | | | | | | | | | | | | | | | | | | | | | | | | | | | | | |
|---|---|---|---|---|---|---|---|---|---|---|---|---|---|---|---|---|---|---|---|---|---|---|---|---|---|---|---|---|---|---|---|---|---|---|---|---|---|
| | time | | | | | | | | | | | | | | | | | | | | | | | | | | | | | | | | | | | |

| | C | F |
|---|---|---|
| | 37,7 | 99.0 |
| | 37,6 | 98.9 |
| | 37,5 | 98.8 |
| | 37,4 | 98.7 |
| | 37,3 | 98.6 |
| | 37,2 | 98.5 |
| | 37,1 | 98.4 |
| | 37,0 | 98.3 |
| | 36,9 | 98.2 |
| | 36,8 | 98.1 |
| | 36,7 | 98.0 |
| | 36,6 | 97.9 |
| | 36,5 | 97.8 |
| | 36,4 | 97.7 |
| | 36,3 | 97.6 |
| | 36,2 | 97.5 |
| | 36,1 | 97.4 |
| | 36,0 | 97.3 |
| | 35,9 | 97.2 |
| | 35,8 | 97.1 |
| | 35,7 | 97.0 |
| | 35,6 | 96.9 |
| | 35,5 | 96.8 |
| | 35,4 | 96.7 |

Basal Body Temperature

| cycle day | 1 | 2 | 3 | 4 | 5 | 6 | 7 | 8 | 9 | 10 | 11 | 12 | 13 | 14 | 15 | 16 | 17 | 18 | 19 | 20 | 21 | 22 | 23 | 24 | 25 | 26 | 27 | 28 | 29 | 30 | 31 | 32 | 33 | 34 | 35 |
|---|---|---|---|---|---|---|---|---|---|---|---|---|---|---|---|---|---|---|---|---|---|---|---|---|---|---|---|---|---|---|---|---|---|---|---|
| period/spotting | | | | | | | | | | | | | | | | | | | | | | | | | | | | | | | | | | | |
| cervical fluid type | | | | | | | | | | | | | | | | | | | | | | | | | | | | | | | | | | | |
| saliva ovulation | | | | | | | | | | | | | | | | | | | | | | | | | | | | | | | | | | | |
| urine ovulation | | | | | | | | | | | | | | | | | | | | | | | | | | | | | | | | | | | |

### Mark your chart as follows

Period/spotting: H-heavy M-medium L-light S-spotting     Saliva Ovulation: +/?/-

Cervical Fluid Type: W-watery D-dry S-sticky E-egg white     Urine Ovulation: +/?/-

Notes:

| | date | | | | | | | | | | | | | | | | | | | | | | | | | | | | | | | | | | | |
|---|---|---|---|---|---|---|---|---|---|---|---|---|---|---|---|---|---|---|---|---|---|---|---|---|---|---|---|---|---|---|---|---|---|---|---|---|
| | time | | | | | | | | | | | | | | | | | | | | | | | | | | | | | | | | | | | | |

Basal Body Temperature

| C | F |
|---|---|
| 37,7 | 99.0 |
| 37,6 | 98.9 |
| 37,5 | 98.8 |
| 37,4 | 98.7 |
| 37,3 | 98.6 |
| 37,2 | 98.5 |
| 37,1 | 98.4 |
| 37,0 | 98.3 |
| 36,9 | 98.2 |
| 36,8 | 98.1 |
| 36,7 | 98.0 |
| 36,6 | 97.9 |
| 36,5 | 97.8 |
| 36,4 | 97.7 |
| 36,3 | 97.6 |
| 36,2 | 97.5 |
| 36,1 | 97.4 |
| 36,0 | 97.3 |
| 35,9 | 97.2 |
| 35,8 | 97.1 |
| 35,7 | 97.0 |
| 35,6 | 96.9 |
| 35,5 | 96.8 |
| 35,4 | 96.7 |

| cycle day | 1 | 2 | 3 | 4 | 5 | 6 | 7 | 8 | 9 | 10 | 11 | 12 | 13 | 14 | 15 | 16 | 17 | 18 | 19 | 20 | 21 | 22 | 23 | 24 | 25 | 26 | 27 | 28 | 29 | 30 | 31 | 32 | 33 | 34 | 35 |
|---|---|---|---|---|---|---|---|---|---|---|---|---|---|---|---|---|---|---|---|---|---|---|---|---|---|---|---|---|---|---|---|---|---|---|---|
| period/spotting | | | | | | | | | | | | | | | | | | | | | | | | | | | | | | | | | | | |
| cervical fluid type | | | | | | | | | | | | | | | | | | | | | | | | | | | | | | | | | | | |
| saliva ovulation | | | | | | | | | | | | | | | | | | | | | | | | | | | | | | | | | | | |
| urine ovulation | | | | | | | | | | | | | | | | | | | | | | | | | | | | | | | | | | | |

Mark your chart as follows

Period/spotting: H-heavy M-medium L-light S-spotting     Saliva Ovulation: +/?/-

Cervical Fluid Type: W-watery D-dry S-sticky E-egg white     Urine Ovulation: +/?/-

Notes:

| date | | | | | | | | | | | | | | | | | | | | | | | | | | | | | | | | | | | |
|---|---|---|---|---|---|---|---|---|---|---|---|---|---|---|---|---|---|---|---|---|---|---|---|---|---|---|---|---|---|---|---|---|---|---|---|
| time | | | | | | | | | | | | | | | | | | | | | | | | | | | | | | | | | | | | |

Basal Body Temperature

| C | F |
|---|---|
| 37,7 | 99.0 |
| 37,6 | 98.9 |
| 37,5 | 98.8 |
| 37,4 | 98.7 |
| 37,3 | 98.6 |
| 37,2 | 98.5 |
| 37,1 | 98.4 |
| 37,0 | 98.3 |
| 36,9 | 98.2 |
| 36,8 | 98.1 |
| 36,7 | 98.0 |
| 36,6 | 97.9 |
| 36,5 | 97.8 |
| 36,4 | 97.7 |
| 36,3 | 97.6 |
| 36,2 | 97.5 |
| 36,1 | 97.4 |
| 36,0 | 97.3 |
| 35,9 | 97.2 |
| 35,8 | 97.1 |
| 35,7 | 97.0 |
| 35,6 | 96.9 |
| 35,5 | 96.8 |
| 35,4 | 96.7 |

| cycle day | 1 | 2 | 3 | 4 | 5 | 6 | 7 | 8 | 9 | 10 | 11 | 12 | 13 | 14 | 15 | 16 | 17 | 18 | 19 | 20 | 21 | 22 | 23 | 24 | 25 | 26 | 27 | 28 | 29 | 30 | 31 | 32 | 33 | 34 | 35 |
|---|---|---|---|---|---|---|---|---|---|---|---|---|---|---|---|---|---|---|---|---|---|---|---|---|---|---|---|---|---|---|---|---|---|---|---|
| period/spotting | | | | | | | | | | | | | | | | | | | | | | | | | | | | | | | | | | | |
| cervical fluid type | | | | | | | | | | | | | | | | | | | | | | | | | | | | | | | | | | | |
| saliva ovulation | | | | | | | | | | | | | | | | | | | | | | | | | | | | | | | | | | | |
| urine ovulation | | | | | | | | | | | | | | | | | | | | | | | | | | | | | | | | | | | |

## Mark your chart as follows

Period/spotting: H-heavy M-medium L-light S-spotting

Cervical Fluid Type: W-watery D-dry S-sticky E-egg white

Saliva Ovulation: +/?/-

Urine Ovulation: +/?/-

Notes:

| | date | | | | | | | | | | | | | | | | | | | | | | | | | | | | | | | | | | | |
|---|---|---|---|---|---|---|---|---|---|---|---|---|---|---|---|---|---|---|---|---|---|---|---|---|---|---|---|---|---|---|---|---|---|---|---|---|
| | time | | | | | | | | | | | | | | | | | | | | | | | | | | | | | | | | | | | |

Basal Body Temperature

| C | F |
|---|---|
| 37,7 | 99.0 |
| 37,6 | 98.9 |
| 37,5 | 98.8 |
| 37,4 | 98.7 |
| 37,3 | 98.6 |
| 37,2 | 98.5 |
| 37,1 | 98.4 |
| 37,0 | 98.3 |
| 36,9 | 98.2 |
| 36,8 | 98.1 |
| 36,7 | 98.0 |
| 36,6 | 97.9 |
| 36,5 | 97.8 |
| 36,4 | 97.7 |
| 36,3 | 97.6 |
| 36,2 | 97.5 |
| 36,1 | 97.4 |
| 36,0 | 97.3 |
| 35,9 | 97.2 |
| 35,8 | 97.1 |
| 35,7 | 97.0 |
| 35,6 | 96.9 |
| 35,5 | 96.8 |
| 35,4 | 96.7 |

| cycle day | 1 | 2 | 3 | 4 | 5 | 6 | 7 | 8 | 9 | 10 | 11 | 12 | 13 | 14 | 15 | 16 | 17 | 18 | 19 | 20 | 21 | 22 | 23 | 24 | 25 | 26 | 27 | 28 | 29 | 30 | 31 | 32 | 33 | 34 | 35 |
|---|---|---|---|---|---|---|---|---|---|---|---|---|---|---|---|---|---|---|---|---|---|---|---|---|---|---|---|---|---|---|---|---|---|---|---|
| period/spotting | | | | | | | | | | | | | | | | | | | | | | | | | | | | | | | | | | | |
| cervical fluid type | | | | | | | | | | | | | | | | | | | | | | | | | | | | | | | | | | | |
| saliva ovulation | | | | | | | | | | | | | | | | | | | | | | | | | | | | | | | | | | | |
| urine ovulation | | | | | | | | | | | | | | | | | | | | | | | | | | | | | | | | | | | |

**Mark your chart as follows**

Period/spotting: H-heavy M-medium L-light S-spotting     Saliva Ovulation: +/?/-

Cervical Fluid Type: W-watery D-dry S-sticky E-egg white     Urine Ovulation: +/?/-

Notes:

| | date | | | | | | | | | | | | | | | | | | | | | | | | | | | | | | | | | | | |
|---|---|---|---|---|---|---|---|---|---|---|---|---|---|---|---|---|---|---|---|---|---|---|---|---|---|---|---|---|---|---|---|---|---|---|---|---|
| | time | | | | | | | | | | | | | | | | | | | | | | | | | | | | | | | | | | | |

| Basal Body Temperature | C | F | | | | | | | | | | | | | | | | | | | | | | | | | | | | | | | | | | | |
|---|---|---|---|---|---|---|---|---|---|---|---|---|---|---|---|---|---|---|---|---|---|---|---|---|---|---|---|---|---|---|---|---|---|---|---|---|---|
| | 37,7 | 99.0 | | | | | | | | | | | | | | | | | | | | | | | | | | | | | | | | | | | |
| | 37,6 | 98.9 | | | | | | | | | | | | | | | | | | | | | | | | | | | | | | | | | | | |
| | 37,5 | 98.8 | | | | | | | | | | | | | | | | | | | | | | | | | | | | | | | | | | | |
| | 37,4 | 98.7 | | | | | | | | | | | | | | | | | | | | | | | | | | | | | | | | | | | |
| | 37,3 | 98.6 | | | | | | | | | | | | | | | | | | | | | | | | | | | | | | | | | | | |
| | 37,2 | 98.5 | | | | | | | | | | | | | | | | | | | | | | | | | | | | | | | | | | | |
| | 37,1 | 98.4 | | | | | | | | | | | | | | | | | | | | | | | | | | | | | | | | | | | |
| | 37,0 | 98.3 | | | | | | | | | | | | | | | | | | | | | | | | | | | | | | | | | | | |
| | 36,9 | 98.2 | | | | | | | | | | | | | | | | | | | | | | | | | | | | | | | | | | | |
| | 36,8 | 98.1 | | | | | | | | | | | | | | | | | | | | | | | | | | | | | | | | | | | |
| | 36,7 | 98.0 | | | | | | | | | | | | | | | | | | | | | | | | | | | | | | | | | | | |
| | 36,6 | 97.9 | | | | | | | | | | | | | | | | | | | | | | | | | | | | | | | | | | | |
| | 36,5 | 97.8 | | | | | | | | | | | | | | | | | | | | | | | | | | | | | | | | | | | |
| | 36,4 | 97.7 | | | | | | | | | | | | | | | | | | | | | | | | | | | | | | | | | | | |
| | 36,3 | 97.6 | | | | | | | | | | | | | | | | | | | | | | | | | | | | | | | | | | | |
| | 36,2 | 97.5 | | | | | | | | | | | | | | | | | | | | | | | | | | | | | | | | | | | |
| | 36,1 | 97.4 | | | | | | | | | | | | | | | | | | | | | | | | | | | | | | | | | | | |
| | 36,0 | 97.3 | | | | | | | | | | | | | | | | | | | | | | | | | | | | | | | | | | | |
| | 35,9 | 97.2 | | | | | | | | | | | | | | | | | | | | | | | | | | | | | | | | | | | |
| | 35,8 | 97.1 | | | | | | | | | | | | | | | | | | | | | | | | | | | | | | | | | | | |
| | 35,7 | 97.0 | | | | | | | | | | | | | | | | | | | | | | | | | | | | | | | | | | | |
| | 35,6 | 96.9 | | | | | | | | | | | | | | | | | | | | | | | | | | | | | | | | | | | |
| | 35,5 | 96.8 | | | | | | | | | | | | | | | | | | | | | | | | | | | | | | | | | | | |
| | 35,4 | 96.7 | | | | | | | | | | | | | | | | | | | | | | | | | | | | | | | | | | | |

| cycle day | 1 | 2 | 3 | 4 | 5 | 6 | 7 | 8 | 9 | 10 | 11 | 12 | 13 | 14 | 15 | 16 | 17 | 18 | 19 | 20 | 21 | 22 | 23 | 24 | 25 | 26 | 27 | 28 | 29 | 30 | 31 | 32 | 33 | 34 | 35 |
|---|---|---|---|---|---|---|---|---|---|---|---|---|---|---|---|---|---|---|---|---|---|---|---|---|---|---|---|---|---|---|---|---|---|---|---|
| period/spotting | | | | | | | | | | | | | | | | | | | | | | | | | | | | | | | | | | | |
| cervical fluid type | | | | | | | | | | | | | | | | | | | | | | | | | | | | | | | | | | | |
| saliva ovulation | | | | | | | | | | | | | | | | | | | | | | | | | | | | | | | | | | | |
| urine ovulation | | | | | | | | | | | | | | | | | | | | | | | | | | | | | | | | | | | |

Mark your chart as follows

Period/spotting: H-heavy M-medium L-light S-spotting          Saliva Ovulation: +/?/-

Cervical Fluid Type: W-watery D-dry S-sticky E-egg white          Urine Ovulation: +/?/-

Notes:

| date | | | | | | | | | | | | | | | | | | | | | | | | | | | | | | | | | | | |
|---|---|---|---|---|---|---|---|---|---|---|---|---|---|---|---|---|---|---|---|---|---|---|---|---|---|---|---|---|---|---|---|---|---|---|---|
| **time** | | | | | | | | | | | | | | | | | | | | | | | | | | | | | | | | | | | |

**Basal Body Temperature**

| C | F | | | | | | | | | | | | | | | | | | | | | | | | | | | | | | | | | | |
|---|---|---|---|---|---|---|---|---|---|---|---|---|---|---|---|---|---|---|---|---|---|---|---|---|---|---|---|---|---|---|---|---|---|---|---|
| 37,7 | 99.0 | | | | | | | | | | | | | | | | | | | | | | | | | | | | | | | | | | |
| 37,6 | 98.9 | | | | | | | | | | | | | | | | | | | | | | | | | | | | | | | | | | |
| 37,5 | 98.8 | | | | | | | | | | | | | | | | | | | | | | | | | | | | | | | | | | |
| 37,4 | 98.7 | | | | | | | | | | | | | | | | | | | | | | | | | | | | | | | | | | |
| 37,3 | 98.6 | | | | | | | | | | | | | | | | | | | | | | | | | | | | | | | | | | |
| 37,2 | 98.5 | | | | | | | | | | | | | | | | | | | | | | | | | | | | | | | | | | |
| 37,1 | 98.4 | | | | | | | | | | | | | | | | | | | | | | | | | | | | | | | | | | |
| 37,0 | 98.3 | | | | | | | | | | | | | | | | | | | | | | | | | | | | | | | | | | |
| 36,9 | 98.2 | | | | | | | | | | | | | | | | | | | | | | | | | | | | | | | | | | |
| 36,8 | 98.1 | | | | | | | | | | | | | | | | | | | | | | | | | | | | | | | | | | |
| 36,7 | 98.0 | | | | | | | | | | | | | | | | | | | | | | | | | | | | | | | | | | |
| 36,6 | 97.9 | | | | | | | | | | | | | | | | | | | | | | | | | | | | | | | | | | |
| 36,5 | 97.8 | | | | | | | | | | | | | | | | | | | | | | | | | | | | | | | | | | |
| 36,4 | 97.7 | | | | | | | | | | | | | | | | | | | | | | | | | | | | | | | | | | |
| 36,3 | 97.6 | | | | | | | | | | | | | | | | | | | | | | | | | | | | | | | | | | |
| 36,2 | 97.5 | | | | | | | | | | | | | | | | | | | | | | | | | | | | | | | | | | |
| 36,1 | 97.4 | | | | | | | | | | | | | | | | | | | | | | | | | | | | | | | | | | |
| 36,0 | 97.3 | | | | | | | | | | | | | | | | | | | | | | | | | | | | | | | | | | |
| 35,9 | 97.2 | | | | | | | | | | | | | | | | | | | | | | | | | | | | | | | | | | |
| 35,8 | 97.1 | | | | | | | | | | | | | | | | | | | | | | | | | | | | | | | | | | |
| 35,7 | 97.0 | | | | | | | | | | | | | | | | | | | | | | | | | | | | | | | | | | |
| 35,6 | 96.9 | | | | | | | | | | | | | | | | | | | | | | | | | | | | | | | | | | |
| 35,5 | 96.8 | | | | | | | | | | | | | | | | | | | | | | | | | | | | | | | | | | |
| 35,4 | 96.7 | | | | | | | | | | | | | | | | | | | | | | | | | | | | | | | | | | |

| cycle day | 1 | 2 | 3 | 4 | 5 | 6 | 7 | 8 | 9 | 10 | 11 | 12 | 13 | 14 | 15 | 16 | 17 | 18 | 19 | 20 | 21 | 22 | 23 | 24 | 25 | 26 | 27 | 28 | 29 | 30 | 31 | 32 | 33 | 34 | 35 |
|---|---|---|---|---|---|---|---|---|---|---|---|---|---|---|---|---|---|---|---|---|---|---|---|---|---|---|---|---|---|---|---|---|---|---|---|
| period/spotting | | | | | | | | | | | | | | | | | | | | | | | | | | | | | | | | | | | |
| cervical fluid type | | | | | | | | | | | | | | | | | | | | | | | | | | | | | | | | | | | |
| saliva ovulation | | | | | | | | | | | | | | | | | | | | | | | | | | | | | | | | | | | |
| urine ovulation | | | | | | | | | | | | | | | | | | | | | | | | | | | | | | | | | | | |

**Mark your chart as follows**

Period/spotting: H-heavy M-medium L-light S-spotting      Saliva Ovulation: +/?/-

Cervical Fluid Type: W-watery D-dry S-sticky E-egg white      Urine Ovulation: +/?/-

Notes:

Printed in Great Britain
by Amazon